도넛츠 학습법

구선 지음

머리말

이 시대는 여러 분야에 걸쳐 해결할 수 없는 많은 난제들을 안고 있다.

그 원인은 무엇인가?

그것은 바로 시대사상이 갖고 있는 사상원리가 미흡하기 때문이다.

이 시대의 사상은 생명론과 존재론과 가치론의 원리가 미흡하다.

생명론이란 생명의 근본에 대한 원리이다.

이것이 사상을 이루는 뿌리이다.

현대의 과학사상과 신본주의[1]는 이 부분에 대해서 지극히 제한된 시각을 갖고 있다. 때문에 생명의 비롯됨과 생명의 의식

---

1) 신본주의 : 신을 천지 만물의 근본으로 삼는 사상체계. 현대의 기독교가 이에 해당한다.

구조와 생명의 존재목적을 바라보는 시각이 편협되어 있다.

존재론이란 존재방식에 대한 원리이다.

현대의 과학사상은 무한경쟁과 약육강식의 논리를 합리화시켜서 생명과 생명이 조화를 이룰 수 있는 근거를 없애 버렸다.

가치론이란 가치 기준에 대한 원리이다.

현대 사상은 오로지 자본의 성취만을 삶의 목적으로 삼게 해서 생명으로서 갖춰야 하는 문화적 소양을 말살시키는 우를 범했다.

시대가 지닌 한계성을 극복하려면 사상을 이루는 세 가지 원리를 새로운 관점에서 제시해야 한다.

그러기 위해서 필요한 것이 새로운 사상의 정립이다. 지나온 20여 년을 나는 새로운 사상을 정립하기 위해 노력해 왔다. 처음 10년 동안은 새로운 사상을 만드는 일에 열중했고 그 후로는 사상을 전파하기 위해 노력해 왔다.

그 과정에서 중요하게 생각했던 점이 세상을 변화시키려면 진보된 사상을 만들어내는 것도 필요하지만, 그것을 효율적으로 전달할 수 있는 교육체계가 필요하다는 것이었다. 올바른 교육이 이루어지기 위해서는 교육의 목표로 제시되어야 하는 여러 가지 관점들이 필요하고 그것을 성취할 수 있는 학습체계가 갖추어져야 한다.

그 방법으로 제시하는 것이 '도넛츠 학습법'이다.

차례

1장 〈교육과 사상〉 　　　　　　　　　　　11

1. 교육이란 무엇인가 　　　　　　　　　　12
　1-1. 교화와 육성 　　　　　　　　　　　12
　1-2. 교화 　　　　　　　　　　　　　　12
　1-3. 육성 　　　　　　　　　　　　　　16
　1-4. 사상인이 되어야 한다 - 세타파 학습법과 문자 원리 　　24

2. 사상을 이루는 세 가지 관점 　　　　　　26
　2-1. 생명론 　　　　　　　　　　　　　26
　2-2. 존재론 　　　　　　　　　　　　　30
　　◆ 조화 　　　　　　　　　　　　　　30
　2-3. 가치론 　　　　　　　　　　　　　34

3. 존재목적 세우기 　　　　　　　　　　　42
　3-1. 진리란 무엇인가 　　　　　　　　　42
　3-2. 존재목적 - 생명으로서 나아 갈 길 　　43
　3-3. 본연적 존재목적과 일시적 존재목적 　　44
　3-4. 만남 　　　　　　　　　　　　　　53
　3-5. 사상적 교류와 존재목적의 실현 　　　58

2장 〈뇌파와 학습〉　　　　　　　63

1. 학습의 세 가지 원리　　　　　64
　　1-1. 인식　　　　　　　　　　67
　　1-2. 기억　　　　　　　　　　70
　　1-3. 표현　　　　　　　　　　72

2. 뇌파와 학습　　　　　　　　75
　　2-1. 베타파　　　　　　　　　76
　　　- 베타파란?　　　　　　　　76
　　　- 베타파의 의식성향　　　　78
　　　- 베타파의 원인　　　　　　80

　　　① 베타파 학습의 주체, 의지　　87
　　　　- 의지란 무엇인가?　　　　87

　　　② 의지의 단련　　　　　　　90
　　　　- 간·비장 균형 잡기　　　95
　　　　- 엄지발가락 운동법　　　96
　　　　- 재미있게 인식하기 (망상체 풀어주기)　100
　　　　- 기억 발성으로 교뇌, 연수 풀어주기　101

③ 베타파에서 벗어나기　　　　　　　　　　104
2-2. 알파파　　　　　　　　　　　　　　　106
　- 알파파란?　　　　　　　　　　　　　　106
　① 알파파 학습의 주체, 중심　　　　　　　109
　　- 중심이란 무엇인가?　　　　　　　　　109
　　- 중심 세우기　　　　　　　　　　　　109
　　- 중심과 친해지기　　　　　　　　　　113
　　- 수상관　　　　　　　　　　　　　　114
　　- 일상관　　　　　　　　　　　　　　117
　　- 중심으로 제도하기　　　　　　　　　119
　　- 이면의 활용　　　　　　　　　　　　121

　② 알파파 학습법　　　　　　　　　　　　125
　　- 재미있는 공부　　　　　　　　　　　125
　　- 알파파 학습의 예　　　　　　　　　　128
　　- 알파파 학습의 효과　　　　　　　　　134

　③ 알파파 학습법의 장애　　　　　　　　　135
　　- 중심이 갖춰지지 않는 원인　　　　　　135
　　- 일치를 통해 접해지는 장애와 그것을 극복하는 방법 143

　④ 알파파의 진보　　　　　　　　　　　　148
　　- 중심 분리　　　　　　　　　　　　　148

- 첫 번째 중심 분리법　149
- 두 번째 중심 분리법　153
- 중심으로 사랑하기　158

3. 세타파　164

① 세타파 학습법　164
② 세포는 불성이 없다　171
③ 무념과 세타파　172
④ 도넛츠 만들기　173
⑤ 기억 발성으로 도넛츠 만들기　174
⑥ 세타파의 의식상태　179
⑦ 세타파의 진보 - ㅈ 발성법과 무념주 호흡　180
⑧ 세타파에서 사유하기　184
⑨ 세타파와 사상의 직수용　184
⑩ 세타파를 운용하면서 갖춰야 하는 면모들　188
⑪ 세타파 상태에서 오는 장애　189
⑫ 비범함을 갖춘 자로서 경계해야 할 것　191

3장 〈생명, 그 아름다움〉　　　　195

3-1. 아름다움이란?　　　　196
　- 중심으로 공감하기　　　　196
　- 공감하는 것을 지켜보기　　　200
　- 아름다움을 직수용 한다.　　204

3-2. 자신을 아름답게 하는 다섯 가지 향기　　205
3-3. 자음원리를 활용한 진단과 치유　　217

　- 기역 발성법　　　　217
　- 니은 발성법　　　　224
　- 방광에 냉기가 생기는 이유　　227
　- 디귿 발성법　　　　234
　- 미음 발성법　　　　237
　- 비읍 발성법　　　　243
　- 근기에 따른 자음 발성 세팅법　　247
　- 리을 발성법　　　　249
　- 시옷 발성법　　　　256
　- 치읓 발성법　　　　261
　- 키윽 발성법　　　　263

- 피읖 발성법	268
- 티읕 발성법	270
- 이응 발성법	272
- 지읒 발성법	280
- 히읗 발성법	282

〈에필로그〉　　　　　　　　　　　285

1장 〈교육과 사상〉

1. 교육이란 무엇인가

1-1. 교화와 육성

　교육이란 교화하고 육성한다는 말이다.
　교화란 가르친다는 말이다.
　가르침이란 손가락을 들어서 짚어 주는 것이다.
　'이것이 무엇이다.'라고 일러주는 것이 바로 교화를 행하는 것이다. 교화가 이루어지려면 두 가지 관점이 세워져야 한다.
　하나는 '이것'이라는 대상이고, 또 하나는 '무엇'이라는 원리이다.
　'육성'이란 생명이 스스로 존재할 수 있도록 그 역량을 갖춰주는 것이다.

1-2. 교화

　교화를 위해 세워지는 첫 번째 관점인 '이것'은 가르침의 궁극적 목표가 될 수도 있고, 하나의 사상원리일 수도 있으며, 사물의 이치나 생명으로서 갖추어야 할 도리일 수도 있다. '이것'을 일컬어서 '교화의 종지'라 한다.

가르침을 받는 사람에게 어떤 종지를 제시하는가에 따라 교화의 방법과 방향이 현격하게 달라진다.

어느 왕이 공자에게 물었다.

"나라에 충성하고, 전쟁이 일어났을 때 도망가지 않고 용감하게 맞서 싸울 수 있는 백성들을 만들어야겠는데 그 방법이 무엇이겠소?"

공자가 이렇게 대답했다.

"자식이 부모를 받들고 효도하게 하면 됩니다.
 가족을 아끼는 마음을 갖게 되면 외적이 침입해 왔을 때 자연히 싸우려는 의지를 냅니다. 효가 결국엔 충을 이끌어내는 바탕이 됩니다."
"그럼 어떻게 해야 하는가?"
"그렇게 되도록 가르쳐야 합니다. 교육을 통해 책임의식을 갖게 되면 효가 충으로 발전됩니다."

왕이 들으니 그럴듯하여 교육에 힘쓰도록 하였다.

이 일화는 어찌 보면 지혜로운 이야기이고, 어찌 보면 무서운 이야기이다. 우리가 생각하고 판단하는 것이 결국에는 교육을 통해 길들여진 사고체계에 따라서 이루어진다는 말이기 때문이다. 무엇을 보고, 무엇을 듣고, 어떤 지식을 쌓아왔느냐에 따라 자기 가치 기준이 생겨난다.

우리는 결코 그와 같은 시스템에서 자유로울 수 없다. 지금도 대부분의 부모님들이 자기 자녀들을 이런 체계 속으로 밀어 넣고 있다.

과연 그런 아이들이 행복할까?

그렇다고 해서 아이들의 미래가 보장될 수 있을까?

모두가 공부만 해서는 잘 살 수 없다.

그 공부가 있다면 다른 공부도 있는 것이다.

오로지 교과서에만 매달리는 공부는 자식을 사회의 부속품으로 만드는 것이다.

말이 부속품이지 시스템에 지배당하는 것이다.

때문에 어떤 종지를 내세워서 가르침의 목적으로 삼느냐 하는 것이 대단히 중요하다.

그것이 종교사상일 때는 각각의 종교마다 내세우는 종지가 다르기 때문에 추구하는 가치관이 전혀 달라진다.

또 사물의 이치를 아는 것을 종지로 삼을 때도 마찬가지이다.

과학의 원리로써 바라보는 이치가 있는가 하면, 사유를 통해 바라보는 이치도 있고, 오랫동안 전해 내려온 전통적인 지식을 바탕으로 바라보는 이치도 있다.

그런데 그중 한 가지 사고에만 치우쳐서 사물의 이치를 보고자 한다면 거기에서도 편협된 견해를 갖게 된다. 결국에는 자기 사유의 한계를 갖게 하는 것이다.

생명으로서 갖추어야 할 도리를 놓고 볼 때도 마찬가지이다.
나라마다 제시하는 도리가 다르고 같은 나라 안에서도 지역마다 제시하는 도리가 다르다.

서로 다른 문화나 이데올로기에 따라서 극단적인 경우들도 생긴다. 대한민국에서는 올바른 것이 북한에서는 그릇된 것이 될 수도 있다.

한 세상을 같이 살면서도 생명으로서 갖추어야 할 도리가 그 지역의 법체계, 문화체계, 도덕적 관념에 따라서 달라지는 것이다.

이것이 어려운 일이다. 그렇기 때문에 그런 부분들을 교화의 종지로 제시해 줄 때에는 항상 상대적 기준으로 제시해 줘야 한다.

교화를 위해 세워져야 하는 두 번째 관점은 '무엇'이라는 원리이다. 이는 가르치는 사람이 갖고 있는 사상이나 철학, 문화적 소양에 따라 다르게 해석된다.

같은 현상을 놓고 '이것이 무엇이다.'라고 가르칠 때 교사가 갖고 있는 지식기반에 따라서 다르게 설명될 수도 있다는 말이다. 어떤 경우는 진보된 관점을 제시해 줄 수도 있지만, 어떤 경우는 미흡한 관점을 제시해 줄 수도 있다.

가르치는 사람이 갖고 있는 '무엇에 대한 견해'는 결국 '원리'이다. 이는 그 사람이 갖고 있는 사상을 통해서 갖춰진다. 즉 그 사람이 어떤 생명론을 갖고 있고 어떤 존재론을 갖고 있으며 어떤 가치론을 갖고 있느냐에 따라서 '무엇'을 보는 '원리'가 달라진다는 말이다. 따라서 우리가 누군가를 가르치기 위해서는 먼저 자기 사상을 확고하게 갖추어야 한다.

개인의 사상은 대부분 시대사상의 영향을 받아서 형성된다.

그 시대의 주체사상이 어떤 사상인가에 따라 개인의 사상적 성향이 결정된다는 말이다. 개인의 성장이 그 시대의 교육 풍토 속에서 이루어지므로 그 영향을 받지 않을 수가 없다.

따라서 가르치는 사람은 자기 사상성을 철저하게 점검해야 한다. 편협된 사상 때문에 왜곡된 교화가 이루어지면 안 되기 때문이다.

1-3. 육성

교육에 있어서 '교'는 이와 같은 종지를 제시해서 '그것이 무엇이다.'라고 가르치는 것이라면, '육'이라는 것은 양육하고 육성한다는 뜻이다.

생명은 서로 다른 소질과 재능을 갖고 있다. 때문에 생명을 양육할 때는 그러한 관점을 최대한 살려서 반영해야 한다.

하지만 현대의 교육체계는 누구에게나 획일화된 교육을 강요한다. 똑같은 과목을 설정해서 모두 다 같은 내용을 배우도록 한다. 그러면서 통치체계 안에 있는 모든 사람들에게 획일화된 교육을 받도록 강요하고 있다. 그것도 '과학적' '자본주의적' 인간성을 만들기 위해 혈안이 되어 있다.

'육'의 관점에서 '교'가 이루어지려면 생명이 갖고 있는 특징에 따라 차별적 관점이 제시되어야 한다. 같은 종지를 놓고서도 그것에 접근해가는 방법을 달리해줘야 한다는 말이다.
현대의 교육체계 안에서는 그것이 불가능하다.
그 원인이 크게 두 가지로 나누어진다.

첫째, 세분되고 전문화된 교육체계 때문에 종지를 제시하는 것이 불가능해졌기 때문이다.
왜? 무엇을 위해 배우는지, 종지 자체를 세울 수가 없는 것이다. 특정 분야만 잘하기 위한 교육을 하다 보니 그렇게 된 것이다.

둘째는 차별화된 방법을 제시할 만한 콘텐츠가 고갈되었기 때문이다.
하나의 사상을 놓고 그것을 다양하게 해석할 수 있는 콘텐츠가 없어져 버렸다. 결국, 다양한 문화적 소양이 사라져 버린 것이다. 가르칠 것도 없다. 그러니까 선생님은 하루 종일 똑같은 얘기만 반복한다. 똑같은 이야기를 1년 내내 하고 10년 내내 하는 것이다.

첫 번째 경우에 생길 수 있는 교육적 폐단은 세상을 통합적으로 바라볼 수 있는 인식력을 잃어버리게 했다는 것이다. 그저 자기 분야에서는 최고가 될 수 있지만, 그 이외의 분야에서는 전혀 문외한이 되어버리는 것이다.

현대 교육체계가 갖고 있는 폐단 중의 하나가 바로 이것이다.
그렇기 때문에 교육을 통해 사회를 유지하기 위한 부속품을 만들어 낸다는 말을 하는 것이다.
전문화요 세분화라고 하는 것이 참으로 서글픈 일이다.
오로지 그것밖에 볼 수 없는 눈가리개를 씌워놓고 한쪽만 보게 하는 것이다. 참으로 기가 막힌 현실이다.

두 번째 경우가 생겨나는 것은 생명이 갖고 있는 창의성이 고갈되었기 때문이다.
생명의 창의성은 자기 사상을 다양한 문화적 형태로 재창출하면서 키워진다. 헌데 현대교육의 방향은 생명이 갖고 있는 창의성을 말살시키는 쪽으로 치달아 가고 있다. 종교도 마찬가지다. 맹목적인 기복을 강요해서 그 사람의 창의성 자체를 말살시키는 것이다. 그런데 그걸 또 좋아한다. 그렇게 길들여졌기 때문이다.
쉬운 것만 생각한다. 그래서 빌어서라도 기적이 일어나기를 바라는 것이다.
또 바쁘다는 것이 창의성을 말살시킨다. 결국엔 자기 행복을 위해서 사는데 바빠서 자기 행복조차 누릴 수 있는 겨를이 없다고 한다. 도대체 무엇을 위해서 바쁜 것일까?

T교의 교주인 문 총재님의 인재관이 독특하다. 그분의 관점을 필자의 견해로 해석해 보았다.

문 총재님은 사람의 근기를 여덟 종류로 나눈다 한다.

첫째는 종의 종이다.
둘째는 종이다.
셋째는 양자이다.
넷째는 서자이다.
다섯째는 본 자식이다.
여섯째는 어머니이다.
일곱째는 아버지이다.
여덟째는 신이다.

종의 종이란 어떤 사람인가?
시키는 것만 할 줄 아는 사람이다.
전혀 자기 창의성이 없다.

종은 종의 종을 부릴 줄 아는 사람이다. 그래서 종에게 일을 시킬 줄 안다. 즉 감독할 줄 안다는 것이다.

양자는 계획하고 설계할 줄 아는 사람이다.

서자는 경영을 할 줄 아는 사람이다.

본 자식은 경영의 관점을 한 단계 더 넓혀서 볼 줄 아는 사람이다.

주어진 틀 안에서만 보는 것이 아니라 조직과 조직, 집단과 집단의 교류라는 관점에서 경영을 바라본다.
  그야말로 세계경영을 할 줄 아는 사람이다.

  어머니는 통치할 줄 아는 사람이다.
  통치와 경영의 다른 점은 무엇인가?
  경영은 다른 생명에게 이로움을 줄 줄 안다는 것이다.
  조직을 이루고 있는 각각의 구성원에게 그 이로움을 나눠줄 줄 아는 것이 경영이다.
  세계경영은 그 이로움을 다른 집단에게도 나눠주면서 우리도 함께 이롭도록 하는 것이다.
  남에게 도움을 받으려거든 먼저 남을 이롭게 하라.
  그럴 줄 아는 사람이 본 자식이다.
  다른 사람에게 감동이나 이익을 줄 수 없다면 나는 경영자로서 자격이 없는 것이다.
  그저 설계나 하고 감독이나 해야 한다.
  경영자가 되려면 나 아닌 또 다른 사람, 특히 나를 바라보고 사는 사람들에게 무엇으로든지 이로움을 줄 수 있어야 한다.

  통치라는 것은 또 다르다.
  경영은 이로움을 주는 것이 목적이지만 통치의 목적은 다르다.
  소외되거나 단절된 것이 없도록 하고 자기실현이 평등한 조건에서 이루어지도록 그 바탕을 만들어 주는 것이 통치의 목적이다. 이익은 따지지 않는다. 통치에 있어 이익이라고 한다면 흘러가도록 해주는 것이다.

그렇게 세상을 바라보고 그런 관점을 부여해서 세상이 돌아가도록 하는 것이다.

그러니 통치적 관점에서 조직을 운영한다면 조직원들 간에 서로 소통이 잘되도록 하고 소외된 사람이 없도록 해야 한다. 또 그 조직 밖의 대상과 교류하더라도 평등한 관계에서 교류할 수 있도록 해야 한다. 그것이 통치한다는 것이다.

다른나라와 평등한 교류를 하지 못하는 것은 올바른 통치를 하는 것이 아니다.

통치적 안목이란 어머니의 마음에서 나오는 것이다.

어머니는 오로지 자식에 대한 사랑만을 갖고 있다. 백성 보기를 자식 보듯이 한다면 내 자식이 소외당하고 내 자식이 그렇게 핍박받고 하는 것을 어머니가 그냥 놔두겠는가. 어머니의 마음으로 백성을 보고 세상을 볼 수 있는 사람, 그런 사람이 통치자다.

연결적 관점에서 세상을 볼 줄 아는 사람은 능히 통치적 안목을 갖춘 것이다. 그런 사람을 어머니라고 할 수 있다.

아버지는 어떤 존재인가?

아버지는 항상 책임을 갖고 산다.

아버지야말로 종의 종, 종, 양자, 서자, 본자, 어머니까지 포용해서 살림 하는 사람이다. 본자나 어머니를 꽃이라고 한다면 아버지는 그 꽃들을 가꾸는 정원사이다. 자기분야의 성취를 이루고 그것을 경영과 통치적 관점에서 실현해내는 사람들이 있다. 자기 인생에 꽃을 피운 사람들이다. 그런 꽃들이 나갈 방향을 제시해 줄 수 있는 사람, 그 사람이 아버지다.

대통령이 되었으면 지금까지 가져왔던 종교나 사상을 버리고 민족과 국가가 갖고 있는 사상을 자기 사상으로 받아들여야 한다. 그래서 그 사상을 바탕으로 해서 민족이 나아갈 존재목적을 설정해 줘야 한다. 그런데 그렇게 하지 못한다.
  대통령이 되어서도 예배나 보러 다닌다.
  그런 사람은 경영자는 될 수 있어도 통치자는 되지 못한다. 스스로 벗어나야 할 것이 무엇인지 또 그 시점에서 새롭게 지향해갈 바가 무엇인지를 알아야 하는데 그걸 모르기 때문이다. 그런 사람은 경영의 꽃을 피운 것일 뿐 통치의 꽃을 피운 것은 아니다.

아버지는 가족들에게 한 발짝 더 진보하는 길을 제시해주는 사람이다.
  종의 종에게는 종의 자질을 가질 수 있도록 해주고 종에게는 양자로서의 자질을, 서자에게는 본 자식의 자질을, 본 자식에게는 어머니의 자질을, 어머니에게는 아버지의 자질을 갖출 수 있도록 이끌어

줄 수 있는 사람이다.

신이란 어떤 존재인가?
신은 작가이며 연출가이고 관객이다.
신은 새로운 사상과 원리를 창조해서 세상이 나아갈 바를 제시해 주는 작가이다.
신의 안목을 갖춘 사람은 시대적 조류에 휩쓸려가지 않는다.
오히려 새로운 흐름을 만들어간다.
때에 따라서는 세상의 흐름을 묵묵하게 관조하는 관객이 되기도 한다.
아버지가 정원사라면 신은 정원사를 길러 내는 스승이다.

당신의 자식을 어떤 사람으로 만들고 싶은가?
종이라도 하려면 그냥 학교만 다녀서는 안 된다. 여기서 경영자가 되고 통치자가 되려면 기존의 교육체계가 갖고 있는 외우기식 방식에서 벗어나야 한다.
나는 어떤 삶을 살 것인가?
스스로에게도 그런 질문을 던져야 한다.

1-4. 사상인이 되어야 한다 - 세타파 학습법과 문자 원리

사상인으로서의 투철한 면모를 갖출 수 있도록 세타파 학습법과 문자원리가 제시된다. 문자를 배우면서 사상을 배우도록 하는 것이다.

본성[2]에서 천지 만물이 생겨나는 과정을 문자로 표시해서 그 문자를 배우면서 본성에 대한 이해가 저절로 갖춰지도록 하는 것이다. 예를 들어, '본성에서 생명에너지[3]가 생성되는 것을 기역이라 한다.' '생명 에너지가 부딪쳐서 음양이기가 생겨나는 것을 니은이라 한다.'

이렇게 문자원리에 사상을 담아 전달해 줄 수 있다면 문자원리를 배운 사람들끼리는 공통의 존재목적을 가질 수 있게 된다.

거기에다 세타파 학습법을 통해 자기 불균형을 해소하고 상대의 불균형을 해소해 줄 수 있다면 부딪침 없이 상대와 조화를 이룰 수 있는 역량을 갖추게 된다.

사상인이 되었을 때는 어떤 근기를 갖고 있는 사람을 만나더라도 능히 그 사람을 수용할 수 있게 된다.

그래서 교육자로서의 길을 가겠다고 한다면 반드시 사상인이 되

---

[2] 본성: 의식이 비롯되는 자리. 천지 만물이 생겨나는 자리. 개체식에서는 본성이라 부르고 우주의식을 놓고서는 '불성', '신성' 등으로 불리운다. 일심 법계를 이루는 세 가지 조건중의 하나이다.
[3] 생명 에너지: 본성에서 생성되는 에너지. 밝은 성품이라고도 부른다. 일심 법계를 이루는 또 하나의 조건이다.

어야 한다.

발성을 통해 세타파로 들어갈 수 있는 방법이 한글 자음 원리[4]이다.
한글 자음은 그 자체로서 고유한 사상성을 갖고 있다.
자음의 사상성이란 본성에서부터 천지만물이 생겨나는 과정을 담아 놓은 것이다.
한글 자음을 활용하면 몸과 마음이 갖고 있는 불균형을 해소할 수 있고 나아가서는 본성도 깨달을 수 있다.
이것이 다 하나로 꿰어져 있다.
문자를 배우면서 사상원리를 배우고 자기 존재목적을 실현하는 방법을 배우고 진단과 치유도 할 수 있는 것이다.
교화의 종지로 내세워지는 다양한 사상들이 있다.
그러나 진보된 사상을 만나는 것은 쉽지가 않다.
새로운 시대가 열리려면 모든 종교와 과학사상이 갖고 있는 원리들을 포괄할 수 있는 통합사상이 필요하다. 그것이 밑바탕이 된 교육체계 또한 절실히 필요하다.

---

4) 한글 자음 원리: 한글 자음에 내포되어 있는 사상원리와 발성원리, 그리고 깨달음의 원리를 통섭해서 이르는 말.

2. 사상을 이루는 세 가지 관점

사상을 이루는 근거를 세 가지로 구분한 것은 필자가 설정해 놓은 기준이다.

맨 처음 새로운 사상을 만들고자 했을 때 사상을 분류하는 척도로 활용했던 것이 그것이었기 때문이다.

사상의 가치성은 생명론과 존재론과 가치론이 어떤 관점을 취했느냐에 따라 달라진다. 즉 진보적 관점과 보편적 관점을 함께 내포하고 있으면 훌륭한 사상이고 그렇지 못하면 미흡한 사상이라는 말이다.

지나간 시대를 이끌어 왔던 수많은 사상들이 그중 한 가지 관점만을 취했었기 때문에 결국에는 시대를 등지게 된 것이다.

사상의 진보성은 생명론에 따라서 결정되고 사상의 보편성은 존재론과 가치론에 따라서 결정된다.

2-1. 생명론

생명론이란 생명의 시작과 면모 그리고 존재목적에 대하여 제시된 원리이다. 이 우주가 비롯된 자리, 내 생명이 비롯된 자리가 생명이 시작된 곳이다. 각각의 사상마다 생명의 시작을 보는 관점이 다르다. 따라서 사상의 특징이 가장 잘 드러나는 부분이 바로 이 부분이다.
이것을 근본론이라 한다.

생명의 근본을 바라보는 시각에 따라 개인이 추구해야 할 목표가 정해진다. 자기 개발의 목표와 의식발현의 범주가 근본론에 입각해서 설정된다는 말이다. 생명의 근본에 대해 가장 극단적 견해를 보이는 것이 종교사상이다.
기독교 사상은 생명의 근본을 하나님에게 두고 있다.
하나님이 천지 만물을 창조했다는 것이 그것이다.
불교는 생명의 근본을 일심 법계에 둔다.
일심법계에서 생멸문이 나와 현상계가 나타나고 진여문이 나와 열반계가 나왔다는 것이 그것이다. 현대의 과학 사상은 생명의 근본을 '무'에 둔다.
그래서 '무'에서 '유'가 나왔다고 한다.

우리 민족의 전통사상인 천부사상도 생명의 근본을 '무'에 둔다.
하지만 과학사상과는 관점이 다르다. 과학사상은 진화론을 통해 생명의 원리를 말하지만, 천부사상에서는 분열론[5]과 창조론 그리고 진화론을 총체적으로 포괄한다.

---

5) 분열론: 한 생명이 나누어져서 천지 만물이 생겼다는 원리

이렇듯 서로 다른 사상마다 생명의 근본을 말하는 부분이 다르다.
생명은 종류에 따라 서로 다른 의식구조로 되어 있다.
인간의 의식구조는 현재의식과 무의식으로 이루어졌다.
현재의식은 눈, 귀, 코, 입, 몸, 생각을 통해 드러난 의식이다.
무의식은 모든 인식작용이 드러나는 기반의식이다.
모르는 의식도 무의식이고, 인식 이전의 의식도 무의식이다.
무의식은 층 차가 있다.
현재 의식을 6식이라 부른다. 이는 주체의식이 여섯 가지로 이루어졌다는 말이다.
무의식은 7식과 8식, 9식과 10식으로 이루어져 있다.
7식은 주체의식이 열두 개이고 8식은 열여덟개 이다.
6식, 7식, 8식은 개체식[6]이다. '나'라고 하는 인식은 8식부터 시작된다. 9식은 개체식을 벗어나서 전체식[7]과 합일을 이룬 상태이다. 이를 일러 '진여식' 또는 '열반식'이라 한다.

10식은 그 자체가 전체식이다. 모든 생명은 10식에서 비롯되었다. 근본론에서 규정하는 생명의 시발점이 바로 10식이다. 불교에서는 10식을 일심법계[8]라 부른다.

---

6) 개체식: 천지 만물이 갖고 있는 각각의 의식. 즉 개인의 의식.
7) 전체식: 개체식이 비롯된 근본생명의 의식. 일심 법계라고도 한다.
8) 일심 법계: 생멸문과 진여문이 비롯된 본원 생명. 생멸문은 현상계 전체를 말하고 진여문은 열반의 세계를 말함. 식의 관점에서는 생멸문은 8식이고 진여문은 9식이다.

하지만 각각의 사상마다 서로 다른 식의 차원에서 생명의 시발을 바라본다.

식을 규정하는 근거 중의 하나가 생명의 몸이다.

개체 생명은 세 개의 몸을 갖고 있다.

첫째가 육체의 몸이다. 이는 6식의 틀이다.

둘째가 혼의 몸이다. 이는 7식의 틀이다.

셋째가 영의 몸이다. 이는 8식의 틀이다.

기독교는 8식의 영을 생명의 근본으로 삼는다.

불교는 10식의 일심 법계를 생명의 근본으로 삼는다.

천부사상[9]도 10식의 '무'를 생명의 근본으로 삼는다.

과학사상도 '무'를 생명의 근본으로 삼지만, 그때의 '무'를 식의 상태로 보지 않는다.

에너지가 일으키는 변화로 바라볼 뿐이다.

유교나 도교도 과학사상과 같은 관점을 취한다.

---

9) 천부사상: 우리 민족의 전통사상으로 천부경에 그 내용이 전해진다. 우주생성의 원리가 수록되어 있고 생명이 자기완성을 이루는 방법이 제시되어 있다.

2-2. 존재론

존재론이란 삶의 방식을 다룬 원리이다.
삶의 방식은 사상원리가 내포하고 있는 생명론에 따라서 정해진다. 삶의 방식은 크게 두 가지로 구분된다.

하나는 경쟁을 방식으로 하는 것이다.
또 하나는 조화를 방식으로 하는 것이다.
현대의 과학사상과 신본주의는 경쟁을 방식으로 하는 삶을 조장한다.
신본주의의 배타성과 진화론의 약육강식의 논리가 경쟁을 방식으로 하는 삶을 합리화시켰다. 그와 비견해서 천부사상과 불교는 조화를 방식으로 하는 삶을 제시한다.

◆ 조화

그렇다면 조화란 무엇이며, 현상을 놓고서 '옳다' '그르다'를 구분할 때 그 기준은 무엇인가?
현상에 대한 옳고 그름이나 좋고 나쁨의 기준은 현상 그 자체에 있는 것이 아니다. 그것은 현상을 대하는 사람의 사상이나 철학 또는 도덕적 가치 기준에 있는 것이다.
지금은 옳다고 생각했던 것이 백 년 후에는 그릇된 것이 될 수도 있고 다른 나라에서는 옳은 것이 대한민국에서는 그른 것이 될 수도 있다.

진리는 불변한다 말하지만, 그것은 틀린 말이다. 왜냐하면, 모든 사물과 현상의 존재목적은 주어진 상황에 따라 달라지기 때문이다. 그렇기 때문에 아무리 훌륭한 법이라 해도 그것을 고정된 잣대로 삼아서는 옳고 그름을 분별할 수 없다.
진리도 고정된 것이 아니다.

여기 찻잔이 있다.
이것을 놓고 올바름을 말해보자.
현재 잔이 처한 상황과 잔의 존재목적, 그리고 나의 존재목적과 상대의 존재목적이라는 관계를 놓고 잔이 어떻게 쓰여지는가에 따라서 옳은 것이 될 수도 있고 그른 것이 될 수도 있다. 나는 차를 그만 마시고 싶은데 자꾸 한 잔 더 드시라며 부어주면, 잔은 잔의 존재목적에 충실하지만, 나에게는 그릇되게 쓰이고 있는 것이다.
반대로 나는 차를 마시고 싶다. 그런데 누가 설거지한다고 가져가서 씻어버린다면 잔은 또 그릇되게 쓰이는 것이다.
그렇듯이 올바름의 기준은 처한 상황과 교류하고 있는 대상의 존재 목적에 따라서 달라진다. 올바름에는 절대적 기준이 없다. 만약 어떤 원리나 이치를 내세워서 그것을 올바름의 기준으로 삼고자 한다면 그만큼의 오류가 생긴다.

우리는 법을 내세워서 올바름의 척도로 삼고 그 절대적 기준 속에 살아간다.

하지만 그 법도 해석하기에 따라 옳고 그름이 달라진다.

올바름이란 무엇인가?

조화가 바로 올바름이다.

그릇됨이란 무엇인가?

부조화가 그릇됨이다.

올바름은 본래 있는 것이 아니라 창출되는 것이다.

올바름을 창출할 수 있는 역량을 키워주는 것이 교육의 또 한 가지 목표이다.

그러기 위해서는 역할적 관점에서의 자기 존재목적이 뚜렷해야 하고, 상대의 존재목적을 알아야 하며 주변의 존재목적도 알아야 한다.

생명의 원리를 알고 나면 조화롭게 살아야 하는 이유를 알게 된다. 하지만 조화를 실천하려면 그 방법을 알아야 한다.

조화를 이룰 수 있는 역량은 스스로의 의식체계에 따라 달라진다. 7식을 갖추면 7식의 조화를 도모할 수 있고 8식을 갖추면 8식의 조화를 도모할 수 있다.

6식을 갖고 있으면 6식의 조화 밖에 도모할 수 없는 것이다.

단 한 사람이라도 조화인이 될 수 있도록 교화해 갈 수 있을 때 세상이 바뀐다.

10년, 20년 후 그 아이가 자라서 이 세상을 이끌어가는 지도자가 될 수 있다면 그 아이 덕분에 세상이 바뀔 것이다.

왜 우리의 지도자들이 저렇게 우매한가? 그들은 이런 교육을 받지 못했기 때문이다.

그것이 시대의 아픔이다.

지도자 개인의 잘잘못을 논하기 전에 먼저 그 시대가 갖고 있는 어둠을 타파하고자 노력해야 한다. 생명운동이니, 환경운동이니 하는 모든 운동의 방향이 이 시대의 어둠을 걷어내고자 하는 방향으로 흘러갈 수 있도록 교육을 통해 그 길을 열어줘야 한다.

세상이 하나가 되려면 그럴 수 있는 목표를 제시해 줄 수 있는 사상이 필요하다.

조화롭게 사는 방법이 제대로 제시되고 개개인이 그렇게 살 수 있는 조건이 만들어졌을 때 세상은 저절로 하나가 된다.

2-3. 가치론

나를 행복하게 하는 요인은 여러 가지가 있지만 그중 제일이 창조의 기쁨이다.
창조의 기쁨이 나를 가장 행복하게 한다.
그렇다면 무엇을 창조할 것인가?
그것을 위해 나로서 갖추어야 할 조건은 무엇인가?
바로 문화적 소양이다.
사상은 어머니요, 문화는 자식이다.
사상이 의식체계라면 문화는 생활방식이다.
자기 의식체계를 좀 더 다양한 생활방식으로 재창출할 수 있는 소양이 필요하다.
그러나 현대 교육은 그런 관점에서 이루어지지 않는다. 오로지 공부만 잘하면 된다고 한다. 그래서 공부를 못하면 할 것이 없다. 공부를 못하면 그 순간부터 낙오자가 된다.
올바른 가르침이란 사회가 필요로 하는 부속품을 만드는 것이 아니고 다양한 문화적 소양을 갖출 수 있도록 가르치는 것이다.
다양한 방법으로 자신을 표현할 수 있는 역량을 갖추고 있다면 그가 느낄 수 있는 가치만족은 훨씬 더 높아지게 된다. 좀 더 많은 가능성 속에서 더욱더 행복할 수 있는 것이다. 이런 경우를 일러 자기활용의 척도가 원만하게 갖추어졌다고 말한다.
요즘은 콘텐츠가 고갈된 시대이다.

콘텐츠는 어디에서 나오는가?
바로 사상에서 나온다.
현대의 사상은 포스트 모더니즘으로 오면서 목숨이 다했다.
포스트 모더니즘이란 재창출의 미학이다. 이 사상은 가치부여를 할 수 있는 역량 자체를 문화적 소양이라 한다.
아무리 가치부여를 해봤자 두 가지 관점이 있을 뿐이다.
보잘것없는 것도 그것에 진보된 가치를 부여하면 '훌륭한 것'이 된다. 아무리 고상한 가치부여를 해봤자 그것은 '그것일' 뿐이다.
시간이 지날수록 고상한 것은 멀어지고 그것은 그것일 뿐인 것이 자꾸만 부각된다. 이런 일이 생기는 것이 문화적 콘텐츠가 고갈되었기 때문이다.

잘 산다는 것은 자신이 갖고 있는 다양한 콘텐츠를 자기실현을 통해 원만하게 풀어가는 것이다. 그러다 보면 거기에서 물질적인 부도 얻어지고 명예도 얻어지고 권력도 생길 수 있다. 다양한 콘텐츠를 갖고 있으면서도 그것을 풀어쓰지 못하는 사람도 있다.
그것은 고정된 관념에 집착해서 주변과 융화를 이루지 못했기 때문이다. 관념에 얽매여 있고 조화롭지 못한 것은 올바른 교육을 받지 못했기 때문이다. 그나마 그런 콘텐츠마저도 없다면 그것은 부속품으로 키워졌기 때문이다.
그렇게 길들어 버린 것을 우리는 억울해해야 한다.

다시는 그렇게 살지 않을 것이라고, 내 자식은 그렇게 안 키울 거라고 다짐해야 한다.

내가 갖고 있는 생명에 대한 이해, 이것을 문학으로도 표현하고 음악으로도 표현하고 미술로도 표현할 수 있어야 한다.
그러기 위한 배움이 필요하다.
확고한 사상이 갖춰지면 어떤 대상을 접하더라도 새로운 가치를 창출할 수 있다.
진보된 가치의 창출이라는 것은 거기에서 이루어진다. 그냥 이루어지는 것이 아니다.
나 스스로 그럴 수 있는 다양한 문화적 소양이 갖춰졌기 때문이다.
교육을 놓고 '교'라는 것이 이러한 종지를 제시해서 그것이 무엇이라고 하는 원리를 알도록 하는 것이라면, '육'이라는 것은 이런 문화적 소양을 갖출 수 있게끔 해주는 것이다.
현대교육을 통해 길들여진 사람들은 과학적 사고와 자본주의적 원리에 길들여져 있다. 때문에 자기 가치만족을 문화에서 찾지 못하고 오로지 자본에서만 찾는다. 문화적 가치만족이라는 말이 생소하게 들릴 정도로 문화적 소양을 상실해 버렸다.

문화적 소양은 하루아침에 키워지는 것이 아니다.
우선 자기만의 중심사상이 있어야 하고 그 중심사상에 입각해서 자기를 표현하는 것이 능숙해야 한다. 그러기 위해 필요한 것이 학습이다. 학습을 통해 사상을 공부하고 사물의 이치를 배우게 되고 스스로의 문화적 소양을 키워나가는 것이다.

잘했다는 상을 줄 때 반짝반짝 빛나는 금색 돌멩이로 상을 준다.
그 상을 받고 싶어서 계속 공부를 열심히 한다.
그러다가 그 돌멩이가 떨어지면 말로만 잘했다고 해줘야 한다. 그러나 돌멩이를 받지 못하면 불만이 생긴다.
그런 구조는 한계가 있다. 하지만 현대사회는 그와 같은 구조로 이루어져 있다.
회사에서 계속 월급을 올려주고 직급을 올려주다가 더 이상 올려줄 월급이 없고 더 이상 올려줄 직급이 없으면 해고할 수밖에 없다.
그것에서 가치만족을 얻고 그 구조 속에서 삶의 승부를 걸었던 사람들은 회사에서 해고되는 순간 자기 가치관이 허물어진다.
그러니 돈과 직급을 가치만족으로 삼게 해서는 안 된다.
차라리 한 직급 덜 올려 주고 월급을 좀 덜 주더라도 문화적 소양을 키울 수 있는 교육적 환경을 만들어주는 것이 더 낫다.
조직도 마찬가지요, 한 나라도 마찬가지다.
그 나라의 양극화, 빈부격차, 각 이익집단 간의 갈등을 해소하기 위한 가장 좋은 대안이 바로 이것이다. 문화적 가치만족을 느낄 수 있도록 국민들을 교육하고 그렇게 이끌어 가면 되는 것이다.

아무리 흔한 돌멩이라 하더라도 그것을 4천만명에게 나눠준다고 생각해보자. 그 돌멩이를 어디에서 다 충당하겠는가?

돈도 마찬가지다. 필요하다고 끝없이 찍어낼 수도 없지 않은가.

그러니 돈을 가치만족으로 삼도록 하는 것은 어리석은 일이다.

다양한 문화적 소양이 갖추어지도록 하려면 먼저 그에게 투철한 사상이 갖추어지도록 하고, 그것을 여러 가지 생활방식으로 표현할 수 있는 역량을 키워주어야 한다.

이 시대를 살아가는 대부분의 부모님들은 당신의 자녀들이 공부 잘하는 사람이 되기를 원한다. 그런 부모님들에게 공부만 잘하면 불행해진다고 말해줘야 한다.

자녀를 세상의 부속품으로 만들어서는 안 된다고 해야 한다.

그래서 제대로 된 교육을 받도록 해야 한다.

만약 그렇게 가르칠 수 있는 소신이 없다면 가르치는 일을 하지 말아야 한다.

현대교육의 종지는 과학사상과 신본주의라는 두 가지 사상에 의해서 제시된 것이다. 그러나 과학사상과 신본주의는 각각이 지향하는 생명론이 다르다. 창조론과 진화론의 다른 점이 그것이다.

그럼에도 불구하고 가치론에는 서로 공감대를 형성한다. 하지만 그것은 사상을 공감대로 해서 이루어진 것이 아니다. 세력과 세력이 야합해서 만들어 낸 결과이다.

현대 교육의 시스템은 위에서 던져주는 것을 맹목적으로 받아먹는 구조로 되어 있다. 최고의 과학정보를 개발하고 양산해 내는 상부 그룹이 있고 그 그룹에서 만들어 내는 지식들을 주는 대로 받아 먹는 하부 그룹이 있는 것이다.

  그런 시스템 안에서 안주하면 아무리 노력해도 그 이상의 성취를 이룰 수 없다. 항상 발꿈치밖에 못 따라간다.

  자기 혼자 잘 먹고 잘 살면 최고라는 가치관이 유행하니 그런 가치관을 가진 사람이 지도자가 되었다. 그러니 혼자 잘 먹고 잘 살려는 그 사람을 어찌 탓할 수 있겠는가?

  이런 말도 안 되는 구조가 얼마나 이어져야 하겠는가?

  바꿔야 한다.

  교육에서부터 다시 시작해야 한다. 그래서 이제는 제대로 된 인재가 배출될 수 있는 교육환경을 만들어야 한다.

  이 시대 교육의 종지는 그 방향이 과학적 생명으로서의 면모를 갖추는 것과 자본주의적 삶에 길들여지도록 하는 데 맞춰져 있다.

  그런데 과학적 사고라는 것은 그네들이 나누어주는 정보에 입각해서 생각하는 것을 말한다.

  그저 던져주는 대로 받아먹을 수 밖에 없는 교육체계로 만들어 놓았고 학교에서도 그렇게 가르친다. 그런 교육을 받은 사람들은 그 시스템에 길늘여질 수 밖에 없다. '경쟁해서 이겨라', '경쟁에서 이길 수 있는 구조를 만들어라', 무한경쟁, 글로벌 경쟁, 등 말도 안 되는 명분을 내세워서 사회가 필요로 하는 부속품을 만들어 내는 데

혈안이 되어 있다.

 그들이 말하는 생명현상이란 그저 물질과 물질이 반응해서 일으키는 화학적 변화일 뿐이다. 좀 더 고상하게 표현하면 뇌의 중추신경이 몸을 통제하고 지배하는 것이다.
 삶의 방식은 무한경쟁, 어떻게 해서든지 경쟁에서 살아남아야 한다고 세뇌시키고 있다. 그렇기 때문에 개인들은 자신의 경쟁력을 키워가기 위해 혼신의 힘을 다하는 것이다. 과연 그렇게 한다고 좀 더 발전된 경쟁력을 갖출 수 있을까?
 그 관문을 뚫고 지배세력으로 올라서는 사람이 과연 몇 퍼센트나 될까?
 자기의 가치는 오로지 자본을 통해 환산될 뿐이고, 권력이나 명예는 경제적 가치를 향상시키는 수단일 뿐이다. 이것이 이 시대를 살아가는 대부분의 사람들이 갖고 있는 종지이다. 자기 삶의 목표가 자본인 것이다.
 교육체계 또한 모든 사람들이 이와 같은 종지를 따르도록 채찍질하게끔 짜여 있다. 말로만 전인교육이다. 교육의 종지와 시스템이 그렇게 갖추어지지 않은 상태에서 어떻게 전인교육이 이루어질 수 있단 말인가?
 이러한 교육적 풍토가 바뀌려면 우선 시대를 이끌어 가는 중심사상을 진보시켜야 한다. 현시대를 이끌어 가는 중심사상이 이와 같은 상황을 만들었기 때문이다.

이런 풍토 속에서 사상을 진보시킨다는 것은 쉬운 일이 아니다.

더군다나 진보된 사상체계를 배우고 익힌다는 것은 더욱더 어려운 일이다.

새로운 사상을 만들고 그런 사상을 전파할 수 있는 교육적 풍토를 갖춰가는 것이 곧 교육혁명의 시작이다.

3. 존재목적 세우기

3-1. 진리란 무엇인가

　진리는 창출되는 것이다. 본래 정해진 것이 아니다.
　때문에 아무리 훌륭한 철학이나 사상, 규범이 있다 할지라도 그것은 진리가 될 수 없다. 어떤 시대를 막론하고 고정된 잣대를 내세워서 올바름의 기준으로 삼았을 때에는 필연적으로 그 흐름이 바뀌었다. 왜냐하면, 정체된 원리로는 변화하는 시대적 욕구를 충족시켜주지 못하기 때문이다.
　시대상황은 진보하는데 사상원리가 진보하지 못한다면 그 사상은 도태될 수 밖에 없다.

　지나간 시대의 사상들을 보면 그런 오류들이 많았다.
　특히 사상이 갖고 있는 생명론이 미흡해서 그 시대의 열망을 충족시켜줄 수 있는 가치관을 창출해내지 못했을 때는 필연적으로 시대의 흐름이 바뀌었다.
　그 사상이 도태되어 사라질 수 밖에 없었던 것이다.

3-2. 존재목적 - 생명으로써 나아 갈 길

생명의 존재목적은 크게 두 가지 관점에서 설정된다.

하나는 사상적 관점에서 설정되고 또 하나는 역할적 관점에서 설정된다. 사상적 관점에서 설정되는 존재목적은 생명의 근본과 면모를 보는 관점에 따라 달라진다.

기독교는 하나님 세상에 태어나서 영생하는 것을 존재목적으로 삼는다.

유교는 물아일치 입신양명을 존재목적으로 삼는다.

도교는 무위자연을 존재목적으로 삼는다.

불교는 스스로 부처가 되는 것을 존재목적으로 삼는다.

현대의 자본주의는 자본의 성취를 존재목적으로 삼는다.

그 이외는 개개인이 갖고 있는 사상적 성향에 따라 서로 다른 존재목적을 가진다.

역할적 관점에서 세워지는 존재목적은 시대 속에서의 자기 역할을 놓고 세워진다.

그것은 세상을 이롭게 하는 데 스스로가 할 수 있는 역할을 찾는 것이다.

역할적 관점의 존재목적은 일시적인 것과 본연적인 것이 있다.

3-3. 본연적 존재목적과 일시적 존재목적

　조화를 이루려면 한 경계를 놓고 일시적인 존재목적과 본연적인 존재목적을 명확하게 파악할 수 있어야 한다.
　앞서 말한 '잔'을 다시 예로 들어보자.
　찻잔의 본연적인 존재목적은 차를 담는 것이다.
　하지만 찻잔의 일시적인 존재목적은 차를 마신 후인가, 마시는 중인가, 다 마셨는가에 따라 달라진다. 즉 처한 상황에 따라 달라지는 것이다.
　이때 일시적인 존재목적과 본연적 존재목적을 제대로 구분해서 볼 수 있는 안목이 없다면 항상 부조화를 낳는다.

　이제 관점을 자기 자신에게로 돌려보자.
　나는 본연적인 존재목적이 있는가?
　'세상을 이롭게 하는 데 나는 어떤 역할을 하겠다.' 라는 생각이 명확하다면 본연적인 존재목적을 갖춘 것이다.
　본연적인 존재목적을 갖고서 그때그때 상황에 맞게 상대와 주변 간의 조화를 도모할 수 있다면 그것은 일시적인 존재목적에 충실한 것이다. 이 두 가지, 일시적 존재목적과 본연적 존재목적이 원활하게 성취될 수 있는 조건을 만들어가는 것이 교육을 통해 이루어야 하는 또 하나의 목표이다.
　평생을 같이 살면서도 상대방이 어떤 존재목적을 갖고 사는지 모르는 경우가 있다. 어떤 경우는 아예 존재목적도 없이 그냥 주어진 대로 사는 때도 있다.

그런 경우에는 똑같은 일상을 반복하면서 주어진 틀 속에서 이리 저리 휩쓸리며 살게 된다. 그렇게 살다 보면 공허함이 생길 수밖에 없다. 10년을 쳇바퀴 돌듯이 똑같이 산다고 생각해보라. 얼마나 답답하겠는가?

존재목적을 갖고 사는 사람은 그런 정체에서 벗어난다.

스스로의 존재목적이 명확하고, 상대의 존재목적을 볼 줄 알고, 주변의 존재목적을 볼 줄 알아서 조화를 창출할 수 있는 역량을 갖춘 사람은 정체된 삶을 살지 않는다. 왜 그럴까? 그런 사람은 자기 존재목적을 향상해갈 수 있기 때문이다.

내가 지금 서 있는 곳이 어디인지를 아는 것이 일시적인 존재목적을 아는 것이다.

일시적인 존재목적에 충실하지 못하면 처한 상황을 도외시한다. 스스로에게 충실한 것은 일시적인 존재목적을 실현하는 것이다.

만일 내가 학생이라면 나의 일시적인 존재목적은 공부하는 것이다.

아무리 많은 지식을 알고 있어도 활용하지 못하면 가치가 없다. 많이 알더라도 극단적이고 부조화하고 융화를 이룰 줄 모른다면 앎을 제대로 활용하는 것이 아니다.

조화를 놓고서는 선과 악도 차별하지 않는다.

착한 것도 조화롭게 쓰고 악한 것도 조화롭게 써야 한다.
착함이란 무엇인가?
스스로를 기쁘게 하고 상대를 기쁘게 하는 것이다.

밝은 성품[10]이 증장되어 내가 기쁠 때는 자기에게 착한 것이다.
상대를 기쁘게 해주면 상대에게 착한 것이다.
그렇다면 나와 상대가 함께 기쁜 것을 조화를 이루었다 할 수 있는가? 그렇지 않을 수도 있다. 착한 것과 조화롭다는 것은 다른 것이다. 때로는 착함이 부조화를 낳을 수도 있다. 착함으로 이롭게 하는 것은 작은 이로움이고, 조화를 통해서 이로움을 주는 것은 큰 이로움이다.

부조화는 무엇인가?
자기 존재목적에 충실하기 위해서 상대의 존재목적을 무시하거나 자기와 상대만의 존재목적에 충실하기 위해 주변의 존재목적을 저버리는 것이다. 즉 잘못된 것이다.
요즘은 자신에게 이익이 되면 그것이 조화라고 생각한다. 상대와 주변을 모두 이롭게 하는 것이 조화라고 생각하지 않는다. 왜 그런 인식이 생겼을까? 조화를 이루는 방법에 대해 교육받지 못했기 때문이다. 오로지 저 사람보다 내가 더 잘되어야 하는 환경 속에서 살

---

10) 밝은 성품: 본성에서 생성되는 에너지. 기쁨, 즐거움, 뿌듯함, 착함 등으로 표현함.

아온 것이다.

그런 사람이 나라의 지도자가 되면 그 나라는 그 사람을 위한 나라일 뿐 국민을 위한 나라가 될 수 없다.

그 나라의 교육적 풍토가 그런 사람을 배출했고 그런 사람을 국민들이 선택했으니 마땅히 받아야 하는 과보이다. 이것이 곧 시대가 가진 아픔이다.

세상을 아름답게 하는 데 나는 어떤 역할을 할 것인가?

무엇으로 그 역할을 할 것인가?

나의 어떤 부분을 더 발전시켜서 그 역할을 좀 더 원만하게 할 수 있는 조건을 갖출 것인가?

그런 존재목적과 그것을 실현할 수 있는 역량을 갖출 수 있도록 해준다면, 교육에서 또 한가지 목적을 성취한 것이다.

젊은이들이 갈 길을 모른다.

대학생 정도 되면 나름대로 사상성이 갖추어져야 하고 그런 다음 그 사상을 바탕으로 해서 자기 존재목적을 설정해야 한다. 조화를 이룰 수 있는 역량을 대학과정에서 갖춰야 한다. 대학도 늦다. 존재목적을 설정하는 것은 중학교 때부터 해야 한다.

고등학교에서 전문교육이 이루어지고 대학교에서는 실습이 이루어져야 한다.

인구가 늘어나고 산업이 자동화되면서, 쏟아져 나오는 인재들을 수용할 수 있는 사회구조가 깨어져 버렸다. 대학 졸업하고 대학원

졸업하고 그런 후에도 또 취업을 위한 공부를 해야 하고…. 40살까지 공부해야 한다.
　잘못된 일이다. 교육체계가 잘못 세워졌다.
　교육의 방향도 잘못되었다.
　오로지 자기만 잘살겠다는 목적으로 공부하는 풍토를 만들었다. 세상을 이롭게 하기 위해 살겠다는 존재목적을 갖게 되면 해야 할 일들이 너무나도 많아진다.
　남보다는 자신을 이롭게 하기 위해 배우고 익혔으니 마음이 다 똑같다. 할 일이 무엇이 있겠는가. 좋은 것들은 이미 남들이 다 차지하고 있는 것이다.
　그런 구조를 만들어놓고 세상이 잘 굴러가기를 바란다는 것이 잘못된 것이다.
　관점을 바꾸어야 한다.
　'나를 이롭게 하기 위해 살지 않는다. 세상을 이롭게 하기 위해 산다. 그러기 위해서 나는 무엇을 갖추어야 하는가?
　이런 종지가 교육을 통해서 제시되어야 한다.
　그리고 그런 관점으로 세상을 바라보는 사람이 존재목적을 실현할 수 있는 조건을 만들어 줘야 한다. 그렇게 되면 인류는 희망이 있다.

　매사에 관심이 없는 아이들이 있다.
　그런 아이들에게 필요한 것이 존재목적 세우기이다.

학교에서는 전혀 그런 교육이 이루어지지 않는다. 애들도 그렇고 또 부모님들도 거기에 관심이 없다. 그네들도 그렇게 살아왔기 때문이다.

존재목적을 세워주는 것도 요령이 있다.

절차가 필요하다.

매사에 관심이 없는 아이들은 존재목적을 세우는 것 자체에도 별 관심이 없다. 오로지 오락에만 관심을 둔다.

세상을 이끌어 가면서 살고 싶은가? 아니면 이끌려서 살고 싶은가를 물어보면 대부분이 이끌어 가면서 살고 싶다고 한다.

그런 대답이 나오면 그때 존재목적을 세워야만 이끌어 가는 삶을 살 수 있다고 말해준다.

자기 주도적 학습이 되려면 자발적으로 참여해야 하는데 그러려면 목표의식이 뚜렷해야 한다.

대부분의 부모님들은 자기 자식이 지도자가 되는 것을 바랄 것이다.

내 자식이 리더로서의 삶을 살기 바란다면 먼저 세상에 기여할 수 있는 존재목적을 세우도록 해야 한다.

아이들이 중학교 이전에 존재목적을 갖게 되면 많은 부분에서 능동성이 키워진다.

몇 년 전에 있었던 일이다.
 첫째 아이가 자기 생일잔치를 해달라고 떼를 쓴 적이 있었다. 그때 옳다구나 싶어 첫째에게 물었다.

'생일이 뭐야?'
'내가 태어난 날이지.'
'어떻게 태어났어?'
'엄마 아빠가 낳아 주셨잖아'
'그럼 왜 태어났어?'
'몰라.'
'그러면 왜 태어났을까 그 이유를 생각해 보고 아빠한테 얘기해줘. 아빠가 이해가 가면 그때 생일잔치 해 줄게.'

그랬더니 며칠 뒤에 몇 가지 이유를 적어 왔다.
 다 마음에 안 들었다. 그래서 생일의 의미를 적어준 뒤 노트 한 권을 써오라고 했다.

'생'이란 생명의 틀이 변화하는 것이며 '일'이란 사람이 본성을 찾기 위한 노력을 쉬지 않는 것이다.
 생일이 며칠 지나도 상관없으니까 써오기만 하면 생일잔치를 해준다고 했다.
 그리고 그걸 핑계로 해서 무엇을 위해 살 것인가?

하고 싶은 것이 무엇인가? 라고 물어보았다.

엄마 배 속에서 나온 것이 의미가 아니라, 네가 무엇을 하고 사느냐가 생일의 의미라고 말해 주었다.

그러면서 밥숟가락을 들어 보이며 그 의미가 무엇이냐고 물었다.

밥 먹는 데 쓰는 것이라고 말했다. 그렇듯이 너의 의미도 네가 어떻게 쓰이냐에 달려 있다. 그것을 생각해 봐라.

밥숟가락으로 밥상 두드리는 데 쓰면 잘 쓰는 것인가?
몽둥이로 쓰면 잘 쓰는 것인가? 아니다.
그렇다면 너를 어떻게 쓰는 것이 잘 쓰는 것이냐?
네가 쓰일 방향을 너 스스로 생각해라. 그것이 너의 가치가 되고 너의 의미가 된다. 그것이 바로 네가 태어난 의미이다. 며칠 시간을 줄 테니 다시 생각해서 가져오너라.

그 후 첫째 아이는 고등학교에 가지 않았다. 검정고시로 고등학교 과정을 마치고 미대에 들어갔다. 지금은 대학교 3학년이다.

지금 이 순간 자기가 쓰일 방향을 명확하게 알고 사는 것과 그것이 없이 사는 것은 수동적 존재가 되느냐 능동적 존재가 되느냐를 결정하는 조건이 된다.

존재목적이 세워진 이후에는 그것을 성취하기 위해 앞으로 해야 할 일이 무엇인지 그것을 생각해 보라고 한다. 그러면 스스로가 알아서 자기 할 일을 한다. 그런 사람이 되기 위해서는 지금 스스로가 준비해야 할 것이 '무엇'인지를 아는 것이다. 그런 과정을 통해 자기 주도 학습을 할 수 있는 근기가 키워진다.

초등학교 1, 2학년까지는 잘 못하지만 3, 4학년만 되도 누구나 할 수 있다.

그런 아이들은 중학교쯤 되면 전문지식을 배울 수 있다.

처음 세웠던 존재목적을 끝까지 갖고 가는 아이도 있지만, 대부분의 아이들은 도중에서 존재목적을 바꾼다. 하지만 그것을 염려할 필요는 없다.

지금 뚜렷한 존재목적을 갖고 살고 있는 것이 중요하기 때문이다.

한 가지 목적을 갖고 그것을 성취하기 위해서 노력하다 보면 그 과정에서 자기 재능이 드러난다. 그러면 그것에 매진하도록 한다. 그렇게 하는 공부를 너무나도 재미있어 한다.

아이가 어느 한 분야의 전문가가 되면 자기 삶에 대해서 자신감을 갖게 된다. 그것이 중요하다. 자기 삶에 자신감이 생기면 미래에 대해 불안 해 하지 않는다. 자기 자신을 믿기 때문이다. 기존의 교육체계 안에서는 서른 살이 돼도 그만큼의 자신감과 독립성을 갖기가 어렵다. 그러다 보니 지연을 의지하고 학연을 의지하는 것이다. 한 길에 매진해서 자기성취를 이뤄본 사람은 다른 분야도 잘하게 된다.

이미 기틀이 갖춰졌기 때문이다.

아이가 존재목적을 바꾸고자 할 때도 그것을 책망해서는 안 된다. 잘못하면 아이에 가능성을 협소하게 만들 수도 있다. 무한하게 습득할 수 있는 조건을 만들어 주면서 어느 하나라도 그 부분에 대해서 제대로 아는 전문가가 되도록 해야 한다.

교육은 그야말로 10년, 20년을 투자하는 것이다. 서둘러서 결과를 내고자 하는 마음을 버려야 한다. 최소한 1, 2년 정도는 매진해야 전문가가 된다. 지금 당장 시험점수 몇 점 올리려고 아이를 다그치는 것은 무식한 방법이다.

한 사람을 가르치는 것은 그야말로 큰 일이다.

그래서 가르치는 사람은 그만큼의 책임의식이 있어야 한다.

3-4. 만남

자기 존재목적이 설정되면 이때부터는 필요한 것이 두 가지가 있다. 하나는 '만나도록 하는 것'이고, 또 하나는 '자기 활용의 척도'를 갖추는 일이다.

자기활용의 척도란 자기 존재목적을 실현해갈 수 있는 재능이나 기술 등을 말한다. 이 또한 교육을 통해 성취된다.

올바른 교육체계 안에서는 다양한 문화적 소양을 키우도록 해줌으로써 그것을 통해 자기활용의 척도를 갖추게 해준다.

그 부분에 대해서는 뒤에서 상세히 다루어진다.

그러다 보면 그 과정에서 민족도 만나고 시대도 만나게 된다.

무엇을 만나도록 하는가?

상대를 만나고 주변[11]을 만나고 주변 밖[12]을 만나도록 하는 것이다.

만난다는 것은 교류한다는 것이다.

교류를 원만하게 하기 위해서는 존재목적을 놓고 교류하는 방법을 알아야 한다. 존재목적에 입각한 교류는 쉽게 이룰 수 있는 것이 아니다. 이는 사상적 관점에 입각한 교류를 할 수 있어야 얻을 수 있는 성취이다. 상대와 교류하고 주변과 교류하는 것은 인식범위 안에서 이루어지는 교류이기 때문에 누구나 노력하면 할 수 있다.

하지만 주변 밖과 교류하는 것은 쉬운 일이 아니다. '어떻게 교류할까?' 라고 생각하면 막연해지기 시작한다. 더군다나 민족과 국가를 대상으로 교류한다고 생각하면 더욱더 막연하고, 시대와 교류한다고 하면 그것이 무슨 말인지 이해하기조차 어렵다.

그래서 이런 교류를 하려면 상대와 주변의 존재목적을 보며, 주변 밖의 존재목적을 볼 수 있는 안목이 있어야 한다. 나아가서는 민족과 국가의 존재목적을 볼 수 있는 안목과 시대의 존재목적을 볼 수 있는 안목이 있어야 한다.

---

11) 주변 : 스스로와 직접적인 연관성을 갖고 있으면서 인식할 수 있는 대상을 통틀어서 이르는 말.
12) 주변 밖 : 스스로와 간접적으로 연관되어 있으면서 자기에게 영향을 미칠 수 있는 모든 대상. 사회나 국가, 민족, 시대 등이 주변 밖에 포함된다.

때에 따라서는 상대도 존재목적이 없고 주변도 존재목적이 없는 경우가 있다. 국가와 민족, 시대의 경우도 마찬가지 이다.

그럴 때에는 그 대상들이 존재목적을 갖출 때까지 기다렸다가 교류하든지 아니면 존재목적을 갖출 수 있도록 도와주어야 한다. 그렇지 않은 상태에서는 조화를 창출할 수 없다. 존재목적에 입각하지 않는 교류는 어떠한 경우라도 조화를 이룰 수가 없다. 그러므로 상대가 존재목적을 갖추도록 이끌어가거나, 아니면 상대를 내가 가진 존재목적 속으로 이끌어오든지 해야 한다.

자기 존재목적뿐만이 아니라 상대가 존재목적을 갖출 수 있도록 이끌어야 한다. 그렇게 할 수 있는 사람을 지도자라 말한다.

주변 밖과 교류하는 것도 마찬가지이다.

공통의 존재목적을 가져야 할 경우도 있다.

국가의 리더라면 국가의 존재목적을 설정해서 국민들로 하여금 그 존재목적에 동참하도록 이끌어가야 한다. 그런 사람이 참다운 지도자다. 그러나 작금의 지도자들은 전혀 그런 방향을 생각하지 않는다. 참으로 안타까운 일이다.

국가의 존재목적을 세워서 국민이 하나로 화합할 수 있는 기틀을 만드는 것은 마치 대늘보를 세우는 것과 같다. 그 밖의 것들은 서까래를 씌우는 일과 같다. 그러니 국가의 존재목적을 명확하게 설정해서 국민을 하나로 화합시킬 수 있는 지도자가 나와야 한다.

만약 그런 지도자를 만날 수 있다면 그런 나라는 무궁무진하게 번

창할 것이다.

시대가 갖고 있는 길들여진 시스템 안에서는 누구도 자유로울 수 없다. 정치, 경제, 국가제도, 심지어 일반 서민들의 사소한 경제활동까지도 자유롭지 않다. 우리는 지금 거대 기업의 횡포 앞에 평등하게 부여된 자기실현의 권리조차도 박탈당할 수밖에 없는 상황 속에 처해 있다.

나라에서도 그것을 통제하지 못한다.

국가의 법보다도 다국적 기업의 기업 논리가 더 우위에 서 있는 시대 속에서 살고 있는 것이다. 이런 불평등한 사회적 구조에 우리는 방치되어 있고, 이런 상황은 갈수록 더 심해질 것이다.

그러니 그런 환경을 개선해야 한다.

그러기 위해서는 그런 구조를 바꿀 수 있는 능력 있는 인재들을 만들어내야 하고, 공통의 존재목적을 제시해 줄 수 있는 지도자를 만나야 한다. 현재와 같은 교육환경 속에서는 그런 지도자를 키워내지 못한다.

어떻게 보면 우리는 그런 환경 속에 처할 수밖에 없는 여러 가지 악조건들을 안고 있는 셈이다.

내가 만약 민족을 향해서 우리 민족이 나아갈 수 있는 공통의 존재목적을 제시해 줄 수 있는 사람이라면 나는 민족과 교류하는 사람이라고 할 수 있다.

민족을 향해 그런 목소리를 낼 수 있는 통로가 있다면 나는 민족과 교류하는 사람이다. 그렇게 된다면 나는 민족 속에서 나의 존재목적을 실현할 수 있게 된다. 그 과정에서 시대와 교류할 수 있는 발판도 만들어진다.

이 시대가 올바른 존재목적을 갖고 흘러갈 수 있도록 그런 역할을 해줄 수 있다면 나는 능히 시대와 교류하는 사람이라고 할 수 있다. 또한, 시대 속에서 자기를 실현하는 사람이라고 할 수 있다.
통치야말로 그 민족과 국민에게 공통의 존재목적을 부여하는 일이다. 그래서 국가의 구성원들이 그 존재목적을 통해서 화합하고 평등한 자기실현이 이루어질 수 있는 사회적 구조를 만들어 가는 것이다.
그러나 그런 통치의 기법들이 지금은 아예 없어져 버렸다.
아이들로 하여금 자기 존재목적을 세워서 스스로가 그 존재목적을 실현할 수 있는 역량을 갖추게끔 가르쳐야 한다. 또 상대와 주변, 주변 밖의 존재목적을 볼 수 있고 그 속에서 자기실현이 이루어질 수 있도록 가르쳐야 한다. 그것이 참교육이다. 그것이 빠져버린 교육은 죽은 교육이다. 그런 교육은 꿈도 없고 희망도 없다.

3-5. 사상적 교류와 존재목적의 실현

　존재목적을 세우는데 필요한 것이 사상을 갖추는 것이다.
　사상이 갖고 있는 생명론과 가치론이 존재목적을 설정하는 근거가 되고, 존재론이 존재목적을 실현하는 방법이 된다.
　그러므로 어떤 사상을 갖고 있느냐에 따라 존재목적이 달라진다.
　사상적 교류란 사상을 이루고 있는 세 가지 근거에 입각한 교류를 말한다. 즉 생명론에 입각한 교류와 존재론에 입각한 교류, 가치론에 입각한 교류가 그것이다.

　생명론에 입각한 교류는 근본에 입각한 교류와 면모에 입각한 교류가 있다.

　근본에 입각한 교류는 생명의 근본을 보는 시각을 놓고 이루어지는 교류이다. 그래서 그런 교류를 하려면 스스로가 먼저 근본에 대한 이해가 투철하게 갖춰져 있어야 한다.
　처음 만나는 사람과 사상적 교류를 한다는 것은 왠지 어색한 일이다. 하지만 상대의 존재목적을 알고 상대와 조화를 이루기 위해서는 그런 분위기를 능수능란하게 조장할 수 있어야 한다.
　예를 들면 '현대 과학에서는 생명의 시작을 이렇게 말하는데 당신은 어떻게 생각합니까?' 하는 질문들을 통해서 사상적 교류에 관심을 둘 수 있도록 그 분위기를 잡아갈 수도 있다.

이때 조심해야 할 것이 지나치게 자기 견해를 내세우지 않는 것이다. 될 수 있으면 상대의 말을 경청하고 배우려는 마음으로 상대를 대해야 한다. 자기 견해를 내세울 때도 겸손한 자세로 해야 한다. 이렇게 교류하다 보면 어느 때부터 스스로의 사상이 견고해지고 풍부해진다. 그런 교류를 통해서 스스로 사상가가 되는 것이다.

면모에 입각한 교류도 마찬가지이다.
근본에 대한 교류가 이루어졌으면 면모에 대한 교류를 이루는 것이 어렵지 않다. 면모에 대한 교류를 통해 생명의 의식구조에 대한 이해가 깊어지고 자기 계발의 범위를 확장시킬 수 있는 근거를 갖게 된다. 수많은 생을 거치면서도 자기의식을 확장시키는 방법을 얻는 것은 쉬운 일이 아니다. 이것이야말로 한 생명이 무한진보를 이루는 길이기 때문이다.
이 부분에 대한 교류를 소홀히 해서는 안 된다. 지속해서 관심을 두고 자기 계발에 매진해야 한다. 다양한 문화적 소양을 갖추는 것도 면모에 입각한 교류를 통해 이루어진다.

면모에 입각한 교류가 이루어지려면 각기 다른 사상이 갖고 있는 면모론을 놓고 상내가 어떤 관점으로 그것을 이해하는지 그 성향을 파악해야 한다. 그러려면 그런 대화를 할 수 있는 지식 기반이 갖춰져 있어야 한다.
'유교는 물아일치를 주장하고 불교에서는 9식의 발현을 말하는데

1장 교육과 사상　59

그것에 대해서는 어떻게 생각합니까? 이런 질문을 할 수 있으려면 그 부분에 대한 기본 지식이 없으면 안 된다는 말이다.

존재론에 입각한 교류는 상대가 갖고있는 생명의 근본에 대한 견해와 면모에 대한 견해를 파악한 이후에 이루어질 수 있다. 왜냐하면, 상대의 존재론은 그 두 가지 원리에 근거해서 세워지기 때문이다. 때에 따라서는 존재론에 의거한 교류 자체가 이루어지지 못할 수도 있다. 상대의 존재목적이나 삶의 방식이 너무 극단적이고 이기적으로 치우쳐있을 때는 교류의 대상으로 삼기가 어렵기 때문이다. 현대사회가 이토록 많은 문제점을 안고 있는 것도 오로지 경쟁을 방식으로 한 삶을 살도록 부추기고 그렇게 가르쳤기 때문이다. 양극화나 집단이기주의 등 대부분의 사회문제가 그렇게 살 수밖에 없는 인식체계를 심어 주었기 때문에 생겨나는 필연적 소산이다. 그러한 문제점들을 극복하고 지금부터라도 올바른 사회를 만들어 가려면 조화를 방식으로 한 삶을 살 수 있도록 가르쳐야 한다. 그것만이 자라는 후손들에게 좀 더 아름다운 세상을 남겨줄 수 있는 유일한 대안이다

사상마다 그렇게 생명의 근본과 의식구조와 존재목적에 대한 해석이 각기 다르다.

그렇다면 나는 어떤 사상을 토대로 해서 생명으로서 나아갈 바로 삼아야 할까?

그런 방향을 설정할 수 있는 교육을 해야 한다.

근세에 이르러 그런 교육이 전혀 이루어지지 않았다.

유교가 주체사상이 되었을 때는 편협되었을망정 사상교육이 이루어졌었다. 그러나 서양식 교육을 받아들인 후로는 전혀 그런 교육이 이루어지지 않았다.

종교에서도 마찬가지이다.

그런 방향이 제시되지 않았던 시대를 어두운 시대라 말한다. 같은 시대에 살면서도 눈 먼 봉사로 살아온 것이다. 그런 것을 우리는 자각하지도 못했다. 잘하는 건지 못하는 건지, 옳고 그름의 기준도 없었고 착하고 악함의 기준도 없었다. 그냥 시대적 조류에 휩쓸려서 살아왔을 뿐이다.

도덕적 관점의 올바름은 자기 양심이 기준이 되지만 사상적 관점의 올바름이라는 것은 서로의 존재목적이 기준이 된다.

진리적 관점에서 올바름을 실현하려면 먼저 사상인이 되어야 한다. 그리고 어떤 방식으로 사는 것이 올바른 것인지 그 부분에 대한 견해도 명확하게 갖추어야 한다.

진리적 관점에서 올바름의 기준은 사상을 초월해서 세워질 수도 있고 사상체계 안에서 세워질 수도 있다.

우리가 성취해야 할 궁극적인 목표는 진리적 관점에서의 올바름이다.

가치론적 교류란 가치 창출을 위해 교류하는 것이다. 그러므로 사상적 교류에서 가장 민감한 부분이 이 부분이다. 기본적인 전제는 '어떻게 하면 상대를 이롭게 하는가?' 이다. 이런 관점에서 교류하게 되면 어떤 경우라도 능히 원만한 교류가 이루어질 수 있다. 만약 자기 이기심만 내세우고 상대를 배려할 줄 모르면 그 관계는 오래 가지 못한다.

2장 〈뇌파와 학습〉

1. 학습의 세 가지 원리

교육은 학습을 통해 이루어진다.

학습이란 무엇인가?

인식하고 기억하고 표현하는 것이다.

뇌파의 상태에 따라 인식하고 기억하고 표현하는 역량이 달라진다. 뇌파는 베타파, 알파파, 세타파, 델타파, 감마파 등으로 구분된다. 그중에 학습활동에 쓰여질 수 있는 뇌파가 베타파, 알파파, 세타파이다.

기존의 교육체계 중에서 가장 진보된 것이 알파파 체계이다. 이는 루돌프 슈타이너가 발도르프식 교육법을 통해 최초로 제시했다. 하지만 슈타이너가 제시한 발도르프식 학습체계는 알파파의 부분적 영역만 취했을 뿐 전체적인 영역을 취하지 못했다.

도넛츠 학습법에서 제시하는 학습체계는 베타파와 알파파 그리고 세타파의 영역을 총체적으로 아우른다.

도넛츠 학습법의 체계는 뇌파를 베타파의 상태에서 알파파와 세타파의 상태로 발전시킬 수 있는 방법을 제시한다.

베타파 상태에서는 수백 번 반복해야 기억되는 것들이 세타파 상태에서는 몇 번이면 기억된다. 표현 또한 마찬가지이다. 그것이 도넛츠 학습법의 효율성이다.

초등학교 일 학년 어린이들을 대상으로 도넛츠 학습법을 적용했다.

처음 들어보는 음악을 들려준다.

그 곡의 이름이나 주제를 모르는 상태에서 들려주는 것이다.

그런데 음악을 들으면서 떠올랐던 생각들을 적어보라고 하면 비가 내리는 모습이나 우산을 들고 서 있는 모습들을 적어낸다. 바로 그 음악의 주제가 비였던 것이다.

그 음악의 주제가 봄일 때는 '꽃이 피었다, 새싹이 돋았다, 연못에서 오리들이 논다' 는 표현들을 적어낸다.

세타파 상태에서는 그 음악을 만든 사람의 감성과 그 의식상태를 그대로 공유한다.

이것은 가르치는 것이 아니다. 다만 그 의식 상태에 들어가도록 이끌어 주는 것뿐이다.

그렇게 인식하는 것은 애써 기억하려고 하지 않아도 저절로 기억된다.

세타파 상태의 표현과 베타파 상태의 표현은 많은 차이가 있다.

도저히 어린 아이들이 썼다고 볼 수 없는 표현들이 나온다.

깊은 철학과 사상이 있고 절절히 넘쳐나는 감성이 있다.

어떤 때는 그 절절함에 가슴이 저린 적도 있었다. 그 글은 여섯 살 짜리 아이가 쓴 글이었다.

아이가 어떻게 그런 표현을 할 수 있었을까?

그것은 바로 무의식에 내장되어 있던 전생의 지식[13]을 활용했기 때문이다.

세타파 상태에서는 그 아이가 여섯 살이 아니다. 수백 년을 살아온 아주 큰 생명인 것이다.

이렇듯 도넛츠 학습법이란 마음을 열어 공감하고 일치하는 학습법이다.

그 상태에서는 자연과 교감하는 것이 어려운 일이 아니다.

7식을 쓰고 8식을 쓴다는 것은 그런 경우를 말하는 것이다.

6식의 상태에서 이루어지는 인식, 기억, 표현과 7식의 상태에서 이루어지는 인식, 기억, 표현은 차원이 다르다. 8식의 상태에서는 더욱 더 큰 차이가 있다.

세상이 필요로 하는 사람은 진보된 의식을 갖춘 사람이다.

그런 사람은 혼자서도 행복하다.

일치하고 공감하는 것만으로도 충분한 만족을 느낄 수 있기 때문이다.

---

13) 전생의 지식: 육체를 갖추기 이전에 영혼으로 존재했을 때의 지식이나 그 이전 생에 습득했던 지식들.

1-1. 인식

인식이란, 의식과 감정과 의지를 통해 대상을 구분하는 것이다.
학습이 원만하게 성취되려면 인식의 과정이 제대로 이루어져야 한다.
왜냐하면, 처음 인식하는 것이 어떠한가에 따라서 기억하고 표현하는 것이 달라지기 때문이다.
아름답게 인식했던 것은 아름답게 기억되고 아름답게 표현된다.
반대로 불쾌하게 인식했던 것은 불쾌하게 기억되고 부정적으로 표현된다.
자기를 이루고 있는 심식의의 모든 정보들은 인식을 통해 들어오는 것이다.
그래서 인식한다는 것은 자기 심식의를 만들어가는 시작이다.
뇌파의 상태에 따라 인식하는 방법이 달라지고 의식의 성향에 따라 인식의 결과가 달라진다.
베타파 상태에서 인식의 주체는 의식과 감정 그리고 의지이다.
베타파 상태에서는 인식의 주체끼리 서로 다투는 상태에서 인식이 이루어진다. 그래서 인식 자체가 부정적이면서 거부적인 성향으로 이루어지는 경우가 많다.
알파파 상태에서 인식의 주체는 중심이다.
그 상태에서는 심식의가 균형을 이루고 있다. 때문에 인식이 이루어 질 때도 수용적이면서 긍정적으로 이루어진다.

그 과정에서 일치가 이루어진다. 감정은 편안하고 의식은 아무렇지 않고 의지는 선택하거나 분별하지 않기 때문에 접해지는 현상이 있는 그대로 인식되면서 일치가 이루어지는 것이다.

알파파 상태에서의 인식은 의식과 감정과 의지가 통합적으로 쓰인다.

베타파에서의 인식은 심식의 중 어느 한 가지가 주체가 되어 이루어진다. 때문에 심식의가 부딪치는 상태에서 인식이 이루어지는 것이다.

세타파 상태에서는 양 방향으로 인식이 이루어진다. 즉 심식의로 인식하는 대상과 척수에 기록된 정보가 동시에 인식된다는 말이다.

간뇌에서부터 척수 영역까지는 선천 영의 정보가 내장되어 있다. 세타파 상태에서는 그 정보를 꺼내 쓸 수 있다.

꽃을 보았다. 그러면 그 꽃과 연관된 정보를 척수 영역에서 꺼내어서 지금 인식하고 있는 정보와 만나게 한다.

그렇게 되면 그 꽃이 갖고 있는 감성, 그 꽃이 갖고 있는 의식, 그 꽃이 갖고 있는 몸의 느낌까지도 같이 인식된다.

이것이 세타파 상태에서 일어나는 일치이다. 일치를 통해 인식하는 상황은 억지로 이미지화시키려고 하지 않아도 저절로 이미지화가 된다. 감성과 이성을 함께 쓰려고 의도적으로 노력할 필요가 없다. 뇌파가 세파타로 안정되면 이것이 저절로 이루어진다. 꽃을 볼 때 그냥 예쁘다고 보는 것이 아니라 꽃이 갖고 있는 아픔, 슬픔, 환희,

그리움 같은 것들을 함께 느끼게 되는 것이다. 그러니 꽃을 표현하게 되면 그런 다채로운 표현들이 나오게 된다.

그렇게 해서 표현되는 시나 음악이나 그림들은 다른 사람에게 감동을 주게 된다. 그럴 수 있는 조건이 뇌파가 안정된 상태에서 갖추어진다.

평생 명상을 해온 사람들의 뇌파가 알파파이다.

알파파 상태에서도 일치는 일어난다. 그러나 이때의 일치는 부분적 일치이다.

포괄적 일치는 세타파에서만 일어난다. 학습력을 향상시키려면 베타파 상태의 인식체계를 알파파와 세타파 상태의 인식체계로 발전시켜 줘야 한다.

1-2. 기억

기억이란 인식한 대상을 자기 의식체계 안에 기록하는 것이다.

척수에서 간뇌까지 기록된 선천 영의 정보와 인식을 통해 접해진 현상이 서로 만나서 기록되는 것이 바로 기억이다.

선천 영이란 수많은 세월 동안 쌓아진 식업[14]의 주체, 즉 수정란에 깃들기 이전의 나의 영이다.

인식을 통해 접해진 현상이란 눈, 귀, 코, 입, 몸으로 접해진 정보를 말한다.

기억을 잘한다는 것은, 척수와 간뇌 영역을 활성화해서 눈·귀·코·입·몸으로 인식한 정보와 선천 영의 정보가 원활하게 만나도록 해주는 것이다.

기억이 이루어지는 결과는 베타파 상태와 알파파 상태, 그리고 세타파 상태에서 서로 다르다.

세타파 상태에서는 간뇌와 척수 영역 전체의 정보가 활용된다.

알파파 상태에서는 간뇌 영역의 정보가 활용된다.

베타파 상태에서는 좌뇌·우뇌에 기록된 정보가 쓰인다.

베타파 상태에서는 기억이 잘 이루어지지 않는다. 그저 인식만 이루어진다.

---

14) 식업: 의식의 정보를 통틀어서 이르는 말.

아이들이 뭘 외우고 습득해야 할 상황이 되었을 때 그걸 베타파 상태에서 하게 되면 몇 시간을 노력해도 잘되지 않는다.

그런 한계를 극복하려면 베타파 상태에서 벗어나서 알파나나 세타파 상태에서 학습이 이루어지도록 해야 한다.

세타파에 들어가려면 의식과 몸의 균형이 맞춰져야 한다.

세타파에 들어가 있더라도, 몸의 균형이 깨어지면 다시 알파파나 베타파로 나오게 된다.

기억이 이루어지는 장소는 해마체 영역이다.

해마체가 기억을 하기 위해서는 신경세포가 문을 열어야 한다. 그러기 위해서는 도파민이 분비되어서 신경세포들을 흥분을 시켜줘야 한다. 신경세포들이 문을 열지 않으면 기억이 이루어지지 않는다.

새로운 것을 접할 때는 기쁘고 신기하다. 신기하다는 것은 도파민이 분비되었다는 것이다. 그 순간, 해마체와 척수가 연쇄적으로 반응한다. '신기하네'라고 인식한 것은 기억하려 하지 않아도 저절로 기억된다.

해마에서 기억이 이루어지면 다시 정보가 대뇌 연합령으로 표출이 된다. 그러면서 해마에서 기억된 것에 대한 연계적 사유가 일어난다.

이 과정에서 형성된 새로운 이미지들이 있다.

그 이미지들이 소뇌를 거쳐서 척수에 저장된다. 이때 소뇌는 대뇌 연합령에서 받아들인 정보를 지울 것인가 말 것인가를 결정한다. 해마체와 편도체가 같이 반응해서 받아들인 정보 중 반복적으로 강력하게 받아들인 정보들은 저장하고 그렇지 않은 것들은 지워 버린다. 소뇌에 저장된 정보는 척수로 들어가서 유전적 형질이 된다.

척수에서부터 올라오는 정보가 망상체를 자극해서 도파민이 분출될 때 뇌파에 따라 신경세포의 문이 열리는 정도가 다르다. 베타파 상태에서 문을 여는 정도와 알파파 상태에서 문을 여는 정도, 그리고 세타파 상태에서 문을 여는 정도가 다르다는 말이다.

1-3. 표현

표현이란 인식하고 기억한 것을 토대로 나를 드러내는 것이다.

자기를 표현하는 방식과 범위에 따라서 교류의 폭이 달라지고 또 존재목적을 실현하는 역량이 달라진다.

잘 표현하는 사람은 넓게 교류할 수 있고 좀 더 수월하게 자기 존재목적을 성취할 수 있다. 반면 잘 표현하지 못하는 사람은 교류의 폭이 좁고 자기 존재목적을 원활하게 실현하지 못한다. 아무리 훌륭한 사상을 갖고 있어도 그것을 제대로 표현해내지 못하면 쓸모가 없다.

그래서 표현의 방식을 익히는 것과 표현의 범위를 넓혀가는 것이 학습의 중요한 목적이 된다.

학습을 놓고서는 효율성을 논해야 한다.

진보된 교육체계를 갖추려면 진보된 종지를 제시하는 것과 더불어서 다양한 문화적 소양을 갖추는 방법과 효율성이 극대화된 학습체계가 필요하다.

베타파 상태에서의 표현은 일상적인 표현이다.

학습을 통해 길들여진 보편적인 지식체계에 입각한 표현이기 때문에 일상적으로 평범해서 다른 사람들에게 별다른 감흥을 주지 못한다.

알파파 상태에서의 표현은 일치를 통해 인식한 것을 토대로 이루어진다.

상대의 내면을 읽어서 표현하기에 대상과 공감하고 호응을 얻을 수 있다.

세타파 상태에서의 표현은 개체적 틀을 벗어나서 이루어진다.

자기 안의 정보뿐만 아니라 외부세계의 정보까지 광범위하게 활용하면서 표현할 수 있다.

그 과정에서 무한한 창의성이 생겨난다.

사상을 활용해서 새로운 문화를 창출해내는 것과 예지, 예언, 공간의 통제, 이치를 타파하는 것 등이 세타파가 활용되면서 이루어질 수 있는 표현이다.

세타파 상태에서의 표현은 그 자체가 창조이다.

아는 것은 물론이거니와 모르는 것도 활용할 수 있는 역량이 그 상태에서 갖춰진다.

사상의 직수용을 통해서 새로운 문화를 창출하는 것이 세타파 상태에서의 표현이다.

  도넛츠 학습법은 필자의 두 가지 교육체계가 하나로 합쳐진 것이다. 나는 나의 사상을 두 가지 교육체계로 만들었다. 한 가지는 불교적 관점에 근거해서 만든 교육체계이다. 그것이 관 수련법이다.

  이 교육체계를 통해서는 여덟 진로에 근거해서 아홉 단계로 자기진보를 이루는 방법을 제시했다.

  또 한 가지는 천부사상에 근거해서 만들어진 한글 교육 체계이다. 이 체계는 자음 원리, 모음 원리, 문자 원리로 이루어져 있다.

  도넛츠 학습법에는 그 두 가지 교육체계 속에 들어있는 가장 핵심적인 내용들이 함축되어 있다.

  베타파, 알파파, 세타파 상태에서 인식하고 기억하고 표현하는 것이 원만해지는 방법과 각각의 뇌파를 한 단계씩 진보시켜 갈 수 있는 가장 핵심적인 기법들이 도넛츠 학습법에 제시되어 있다.

2. 뇌파와 학습

의식의 고유진동수를 현대과학에서는 뇌파로 표현한다.

뇌파가 안정되면 자기 내면에 저장된 정보들을 떠올릴 수 있게 된다. 생명으로 존재하면서 지금까지 습득한 모든 지식들이 인식의 대상이 되는 것이다. 그 수많은 정보들을 일일이 기억하고 있지는 않지만, 상황이 주어지면 그 상황과 연계된 정보가 그 즉시 표출된다.

뇌파를 조절할 수 있게 되면 자신을 다스리는 것과 자기 밖의 공간을 다스리는 일들, 그리고 교류의 폭을 넓히는 데 있어서 탁월한 능력을 갖게 된다. 그런 역량을 갖게 되면 학습을 할 때도 하나하나의 정보를 외우기식으로 받아들이는 것이 아니라 이미지로 받아들이게 된다. 통합적으로 인식할 수 있는 것이다. 그럴 때 얻어지는 학습의 효과는 단순히 몇 배라고만 얘기할 수 없다. 이런 결과가 세타파 상태에서 나타난다. 세타파의 파장은 4에서 7헤르쯔이다.

세파타의 상태에서는 해마 영역에 신경에너지가 집약되어 있고 알파파 상태에서는 간뇌 영역에 신경에너지가 집약되어 있다.

베타파 상태에서는 좌뇌나 우뇌 중에 어느 한 쪽으로 신경에너지가 편중되어 있다.

뇌의 특정 부위에 전기자극을 주면 그 부위가 활성화되면서 뇌파가 조장된다.

도넛츠 학습법의 원리는 발성의 진동으로 원하는 부위를 자극해서 뇌파를 조장하는 것이다.

발성의 진동은 정보이다.

그 정보들이 뇌 안에서 어떻게 쓰이도록 하느냐에 따라서 원하는 상태의 뇌파를 만들어갈 수 있다. 그러기 위해서 활용되는 기법이 한글 자음 발성법이다.

간뇌와 해마체까지 발성의 진동이 들어가기 위해서는 거쳐가야 할 경로가 있다. 무조건 소리만 낸다고 해서 효과가 나타나는 것이 아니다.

일단 발성의 패턴이 익숙해지면, 그때부터는 그 부위들을 직접 자극해도 효과가 나타난다.

수행을 놓고서 깨달음을 얻기 위해서도 발성의 기법이 쓰이고 학습 조건을 갖추기 위해서도 발성의 기법이 쓰인다.

2-1. 베타파

- 베타파란?

베타파는 14헤르쯔에서 21헤르쯔이다.

고유진동수는 24이다.

고유진동수의 산출근거는 주체의식의 활용이다.

인간은 눈, 귀, 코, 입, 몸, 생각의 여섯 가지 유상의식과 본성이 더해져서 합계 7개의 주체의식이 있다.

7개의 주체의식이 육체, 혼, 영의 몸을 통해 쓰이기 때문에 21의 고유진동수를 갖게 된다. 거기에다 과거, 현재, 미래에 대한 관념이 더해져서 24 진동이 된다.

그것이 평범한 사람의 고유진동수이다.

베타파 상태에서는 좌뇌 우뇌가 서로 분리된 상태로 쓰인다.

이 상태에서는 끝없이 갈등이 지속된다. 즉 감정과 의식과 의지가 서로 부딪치는 상태이다.

감정과 의식과 의지가 다투지 않는 상태가 되려면 간과 비장의 균형, 좌뇌 우뇌의 균형, 해마체와 편도체의 균형이 갖춰져야 한다.

좌뇌 우뇌의 균형이 깨어지는 것은 성장조건과 선천성에 원인이 있다.

선천적으로 영의식과 혼의식은 균형이 깨어져 있다.

감정적이거나 이성적인 성향으로 편중된 것이다.

성장 과정에서 좌뇌 우뇌의 균형이 깨어지는 것은 영양조건 때문이다.

좌뇌 우뇌에 영양을 제공하는 것이 간과 비장이다.

비장은 췌장을 통해 소화액을 분비하고 간은 담을 통해 소화액을 분비한다.

간, 비장이 소화액을 분비할 수 있는 조건을 가진 것도 머리와 연결되어 있기 때문이다.

머리가 양분을 필요로 하는 것은 신경세포가 복제되고 재생될 수 있는 조건을 만들기 위해서이다.
　머리가 먹고자 하는 욕구를 간과 비장에게 보낸다.
　그때 위장으로 음식이 들어오면 간, 비장이 작동해서 소화액을 내보내고, 거기서 소화 분해한 것들을 혈액을 통해 머리로 올려보낸다.

　간 비장의 균형이 깨어져 있으면 소화흡수가 원활하게 이루어지지 않고 좌뇌·우뇌에 냉기가 쌓이면서 신경세포의 분열과 성장이 원활하게 이루어지지 않는다.
　그 결과로 좌뇌 우뇌의 성장이 불균형하게 이루어진다.

- 베타파의 의식성향

　베타파 상태에서는 이성적인 성향의 사람과 감성적인 성향의 사람이 뚜렷하게 구분된다. 베타파 상태에서는 보고 듣고 느끼고 생각하는 것이 모든 가치판단의 기준이 된다. 다른 사람의 말을 잘 듣지 않고 자기주장만 하게 된다. 이해가 부족하고 창의성도 결여되어 있다. 내 눈으로 본 것이 아니면 믿지 않는다. 이것이 베타파 상태에서의 표현이다. 대부분의 사람들이 그렇게 살아간다.
　이 상태에서는 감정과 의식과 의지가 서로 부딪침의 대상이 된다. 또 장부와 중추신경계와 신경전달체계가 서로 부딪침의 대상이 된다. 감정의 중추는 장부이고 의식의 중추는 중추신경계이며 의지의 바탕은 신경전달체계이다.

의지의 바탕이 되는 신경전달 체계가 부교감신경의 아세틸콜린 체계이다.

세월이 흐를수록 의식과 감정과 의지의 다툼은 고착화되어 간다.

똑똑해도 들떠있는 사람보다 조금은 미련해도 진중하고 안정된 사람이 더 신뢰를 얻는다.

베타파 상태가 고착되어서 불안정한 것이 해소되지 않으면 자기실현을 이루는 것이 쉽지 않다. 베타파에서의 의식적 특성은 의심이 많다. 다투고 잘 싸운다. 믿음도 없고 융화성도 없다. 그래서 믿어라, 서로 사랑해라, 하는 말이 필요하다. 베타파 세상은 필연적으로 분열되어 있다. 그래서 서로 갈등하고 반목한다. 남보다 나아지기 위해 무한경쟁을 조장하는 풍토가 만들어질 수밖에 없는 것도 그런 이유 때문이다.

베타파 상태의 의식구조 속에서는, 의식과 감정과 의지가 자기라고 생각한다. 그렇게 생각하지 않는 사람은 아무도 없다. 심식의가 네가 아니라고 하면 이상한 사람이 된다. 특히 아이들 같은 경우는 더욱더 그렇다. 아이들은 심식의가 자기의 전부이다. 그래서 심식의를 만족시키기 위해 엄청난 노력을 한다.

심식의를 자기라고 생각하지 말고 그것은 그서 사기를 표현하는 도구라는 인식을 갖도록 해주려면 그것이 생겨난 원인을 말해줘야 한다. 아이들이 그런 교육을 받게 되면 훌륭한 인재로 성장할 것이다. 그런 교육이 제대로 이루어지지 않기 때문에 날이 갈수록 심식의에 물들어서 그 천진함과 착함을 잃어버린다. 오로지 자기만을 위한 이기적인 성향으로 똘똘 뭉친 존재가 되어버리는 것이다.

자음발성을 하고 나면 뇌 구조 안에 알파파나 세타파의 영역이 비약적으로 늘어난다.

베타파 상태에서는 의식을 집중하려고 하면 오히려 혼란이 생긴다. 잘 들으려고 하면 오히려 잘 보이게 되고, 잘 보려고 하면 오히려 생각이 더 많아지게 된다. 이것을 일러 의식의 간섭이라 한다. 그런 상태에서는 인식하고 기억하는 것이 원활하게 이루어지지 않는다.

장부 간에 균형이 맞춰지고 이성과 감성이 다투지 않기 때문에 머리가 좋은 것이다.

- 베타파의 원인

좌뇌·우뇌의 균형이 깨어져 있으면 베타파 상태가 된다. 그렇게 되는 원인이 있다. 간과 비장의 균형이 깨어 졌기 때문이다.

간과 비장의 균형이 깨지는 원인이 있다.

첫째는 신장 균형이 깨져서이다.

그렇게 되는 원인 중의 하나가 성장이다.

신장이 두 개인 것은 간 비장의 균형을 잡아주기 위해서이다. 뼈의 성장이 이루어지는 시기에는 신장의 에너지가 성장활동에 쓰인다.

그렇게 되면 신장이 간 비장의 균형을 잡아주는 역할을 하지 못하게 된다. 이때 간과 비장의 균형이 깨지면서 뇌가 성장하는 데 필요한 양분이 원활하게 공급되지 못한다. 좌뇌·우뇌가 불균형하게 성장하는 원인이 되는 것이다.

둘째는 영양의 불균형이다.

이런 상태가 되면 비장이 두 가지 형태로 극단성을 띠게 된다.

하나는 비장이 과부하가 걸려서 소화액을 만들어내는 것을 게을리하는 것이다.

비장이 하루에 필요한 소화액을 만들어내는 양이 1.5 리터 정도이다. 그런데 과부하가 걸려 있기 때문에 그 기능이 원활하게 이루어지지 못한다. 이때 비장으로 하여금 과부하가 걸리도록 하는 것이 면역활동이다.

성장이 이루어지려면 골세포가 만들어져야 하고 조혈 세포가 만들어져야 하는데, 그렇게 되면 상대적으로 백혈구가 생성되는 숫자가 줄어든다.

그런 조건에서 비장이 병에 대해 저항력을 행사하려 하다 보니 소화액을 만드는 것이 원활하게 이루어지지 못하는 것이다.

이 과정에서 식욕이 떨어지고 영양 균형이 깨어진다.

결국, 먹어서 영양섭취가 골고루 되어야 뇌세포도 분열되고 뇌가 성장할 것인데 뼈만 성장하고 뇌는 성장하지 못하는 것이다.

뇌가 성장하기 위해서는 엄청난 양분이 필요하다

영양균형이 깨어지면 간과 비장도 튼튼할 수 없지만, 뇌 성장 자체가 안 되는 것이다. 이때 뇌의 균형이 깨어지면서 뇌에 장애가 생긴다.

신장 균형이 깨졌을 때 비장이 갖게 되는 극단성 중의 하나가 무기력해지는 것이다. 그렇게 되면 면역을 태만히 하고 먹는 것에 치중한다. 그러면서 비만해진다.

백혈병도 생기고 악성빈혈도 생긴다.

비장이 기능적으로 침체되면 면역이 저하되어서 세균이나 바이러스의 침해를 당한다. 먹을 때도 먹고 싶은 것만 먹기 때문에 영양섭취가 제대로 안 된다.

이런 상태가 지속되면 세균이나 바이러스의 침해를 받아서 장부 자체도 훼손되고 말초신경 자체가 상처를 입는다. 그 결과로 좌뇌 · 우뇌 성장에 장애가 생긴다.

간 · 비장의 균형을 깨트리는 또 한 가지 원인이 외부의식의 침해이다.

외부의식이 몸으로 들어온다.

특히, 아기들이 잘 때 들어온다. 아이들이 활동할 때는 양기가 강하기 때문에 자기장이 왕성하다. 그런데 잘 때는 척추와 꼬리뼈가 냉해져 있다. 그 상태에서는 외부의식이 꼬리뼈를 타고 들어온다. 꼬리뼈로 들어온 외부의식은 대장, 방광, 신장, 간비장, 심장을 거쳐서 머리로 빠져나간다. 그 과정에서 외부의식이 지나간 경로가 냉기로 절어있고, 그 때문에 간 · 비장의 균형이 깨어진다. 비장이 그 냉기를 몰아내면서 소화력도 떨어지고 면역성도 저하된다. 간혹 아토피가 생기기도 한다.

선천적으로 엄마 배 속에 있을 때부터 영양섭취가 부족했다거나, 감정과 이성의 균형이 아주 심하게 깨졌을 때도 영향을 받는다.

영혼이 갖고 있던 업식에 의해서도 간과 비장의 균형이 깨져 있는 경우도 있다.

예를 들어 전생에 간이 나빠서 죽었다면 이생에도 간이 나쁘다. 이런 원인들 때문에 간·비장의 균형이 깨어진다.

간·비장의 균형이 깨졌을 때 몸의 구조물에 미치는 영향이 있고 의식의 성향에 미치는 영향이 있다.

간·비장의 균형을 깨트리는 또 다른 원인으로 작용하는 것이 세균이나 바이러스의 침해들이다.

간·비장의 상태는 성장이 끝난 다음에도 대뇌 피질의 재생에 관여된다.

간과 비장에서 표출되는 냉기가 대뇌 피질에 제공되면 피질 세포의 재생이 둔화된다.

간의 기능이 저하되면 우뇌 피질 세포의 재생에 문제가 생긴다.

비장의 기능이 저하되면 좌뇌 피질 세포의 재생에 이상이 생긴다.

그렇게 되면 건망증이나 치매가 생긴다.

도넛츠 학습법의 체계 속에는 간·비장의 균형을 파악하는 방법과 그것을 개선할 수 있는 방법이 함께 제시되어 있다.

간·비장의 균형이 깨어져서 좌뇌·우뇌의 균형이 깨져 있으면 성격에도 영향을 미친다. 감정과 의식과 의지가 서로 부딪쳐서 갈등이 많다. 이것을 교정해서 안정된 상태에서 학습이 이루어지도록 해야 한다. 학습이 안 되는 것은 좌뇌·우뇌의 균형이 깨져서 해마체와 편도체가 동시에 자극받지 못해서이다.

뇌 균형이 극심하게 깨지면 자폐가 되든지 뇌성마비가 된다.

과잉행동장애도 뇌 균형이 깨어져서 생기는 현상이다.

좌뇌 우뇌의 불균형은 내면의 갈등을 유발하고 감정이 들떠 있도록 하며 정서적으로 불안정한 상태가 되게 한다.

학습이 원활하게 이루어지기 위해서는 반드시 그 불균형을 해소시켜 주어야 한다.

하지만 뇌 균형이 깨어져 있는 것을 누가 알겠는가?

엄마도 모르고 본인도 모른다.

좌뇌 우뇌 균형이 갖춰져야 상상도 잘할 수 있다.

상상할 줄 안다는 것은 해마체와 편도체를 같이 쓴다는 것이다. 지혜로운 사람은 자기 균형을 갖추어서 공부도 하고 수행도 하지만, 지혜롭지 못한 사람은 그렇지 못한 상태에서 노력만 하게 된다.

베타파 상태에서 집중한다는 것은 의지를 내세워서 의식과 감정을 억압하는 것이다. 감정은 누릴 줄 알고 생각은 펼칠 줄 알아야 한다.

그래야만 집중도 잘 되고 창의성도 생겨난다.

미루나무는 쭉 뻗어서 볼품이 없다. 반대로 풍성하게 가지를 뻗은 느티나무는 아름답다.

자기 생명을 미루나무처럼 만들어서는 안 된다.

의지를 통해 감정과 의식을 억제하는 것은 스스로를 미루나무처럼 만드는 것이다.

새는 미루나무보다 느티나무를 좋아한다.

스스로 집중할 수 있는 조건이 갖춰지지 않은 사람에게 집중을 강요하는 것은 일방적 횡포이며 정신적 폭력이다.

그러기 전에 먼저 그 조건을 만들어줘야 한다.

교육이 효율적으로 이루어지기 위해서는 먼저 교육받을 사람의 자질을 가늠하고 그것에 맞는 학습이 이루어지도록 해야 한다.

만약 그 사람의 자질이 저하되어 있다면 자질을 향상시킨 다음에 교육받을 수 있도록 해야 한다.

먼저 즐겁도록 해주고 그 상태에서 공부하게 해야 한다.

짜증 나게 해놓고 그 상태에서 공부하게 해서는 안 된다. 노르아드레날린이 분비된 상태에서는 신경세포가 문을 열지 않는다.

그런 상태에서는 정보가 들어가지 않는다.

경각심을 갖도록 해주지만 그 이외의 다른 정보에 대해서는 문을 닫아버리는 것이다. 학습에 있어 집중력과 습득력이 함께 갖춰지려면 도파민과 노르아드레날린의 균형이 갖춰져야 한다.

그러려면 좌뇌·우뇌의 균형이 잡혀야 하고 피질척수로가 활성화되어야 한다.

도파민과 노르아드레날린이 균형을 이루도록 해주는 것이 세로토닌이다.

이는 피질척수로의 기능이 원활하게 쓰일 때 생성되는 신경 조절 물질이다.

① 베타파 학습의 주체, 의지

베타파 상태에서 학습의 주체가 되는 것은 의지이다.
그래서 베타파 학습이 원활하게 이루어지기 위해서는 의지가 생겨나는 원인과 의지를 키워가는 방법을 알아야 한다.

- 의지란 무엇인가?

의지는 두 가지 성향이 있다.
하나는 지각적 성향이고 또 하나는 분별적 성향이다.
지각성이란 현상을 주시하는 힘이다.
지각성을 각성이라고도 한다.
지켜보기를 잘하는 사람은 현상에 이끌리지 않는다.
의식이 일어나도 휩쓸리지 않을 수 있고, 감정이 일어나도 휩쓸리지 않을 수 있다.
의지를 키운다는 것은 지각성을 키우는 것이다.

분별성은 두 가지 성향이 있다.
하나는 차별적 성향이다.
또 하나는 분별적 의도이다.
'배고프다. 밥 먹으러 갈까?' '내일은 창덕궁에 산책하러 갈까?'
하는 것들이 분별적 의도이다.

차별적 성향이란 현상에 대해 차이를 구분하는 것이다.
크고 작다, 좋다 나쁘다, 하는 것들이 그 예이다.
'생각'이란 말에 의지의 개념이 내포되어 있다. '생'이란 의식의 정보가 조합되는 것이고, '각'이란 의지의 분별성과 지각성이 함께 쓰이는 것이다.
이때 정보의 조합이란 인식한 정보와 내재된 정보의 만남이다.
눈, 귀, 코, 입, 몸으로 인식한 정보가 편도체를 통해 해마체로 들어가는 것은 드는 생각이고, 장부와 척수에 내재된 정보가 해마체를 거쳐 대뇌 연합령으로 표출되는 것은 나는 생각이다.
오식에 의지가 더해지면 그것을 후육식이라고 한다.
후육식이 바로 생각이다.
후육식에 다시 각성이 더해지면 제 7식이 된다.
제 7식에 각성이 더해지면 제 8식이 된다.
식의 증장은 이런 과정으로 이루어진다.
현상에 대한 지각적 분별이 곧 의지가 키워지게끔 하는 원인이다.
그래서 어떤 현상을 목전에 두고 있느냐에 따라서 의지적 성향이 달라진다.
현상을 놓고서 차별적으로 길들여지는 의지를 유위각이라 부른다. 반면에 현상에 대해 움직이지 않고 관여되지 않는 마음에 길들여진 의지를 무위각이라 부른다.
무위각을 갖추어서 본성을 깨닫는다.
무위각이 갖추어지면 아무리 미세한 현상도 관찰할 수 있게 된다.

그러면서 모르는 것도 쓸 수 있는 역량을 갖게 된다. 무한한 창조력은 거기에서 나온다.

현대 교육의 관점은 오로지 유위적인 것만 키워가는 방향으로 맞추어져 있다.

그러다 보니 창의적 발상을 일으키는 것에 한계가 있다.

아는 것을 활용하는 것은 스스로를 작게 쓰는 것이다.

그런데 우리 자식들을 그렇게 키워가고 있다. 모르는 것과 친해지도록 하는 것이 아니라 아는 것에만 익숙해지도록 하고 있다. 이것이 창조성을 말살시키는 또 한 가지 원인이다.

앎도 필요하다.

좀 더 원만하게 교류하기 위해서이다. 하지만 창의적 발상을 키워가기 위해서는 모르는 것도 쓸 줄 알아야 한다.

창의적 발상과 원만한 교류가 같이 이루어져야 한다.

현상을 놓고 차이를 인식하게 되면 그것이 차별적 성향이 되고 그 과정을 통해 지각성이 키워진다.

사기로 하여금 차이를 인식하도록 하는 대상이 있다.

밖으로부터 접해지는 현상과 내 안으로부터 일어나는 업식, 그리고 본성과 심식의[15]의 상태가 그것이다.

---

15) 심식의: 감정, 의식, 의지의 줄임말

② 의지의 단련

　의지를 키우려면 의지가 어떤 과정을 통해 드러나는지를 알아야 한다.
　애써 의지를 지켜간다고 해서 의지가 키워지는 것이 아니다.
　의지를 지나치게 내세우게 되면 오히려 의식과 감정이 억제되고 신경세포가 문을 닫는다.
　그래서 엄청난 스트레스가 촉발된다.
　처음 의지가 생겨난 것도 무엇인가 차이 나는 현상을 인식의 대상으로 삼았기 때문이다. 본성의 상태에서 뭔가 차별적 대상이 생겨났기 때문에 의지가 촉발된 것이다. 그때 생겨난 것이 밝은 성품이다.
　밝은 성품은 기쁨을 수반한 생명력이다. 이는 본성의 공적함에서 생성된다. 본성과 밝은 성품은 '공적함' 과 '기쁨' 의 형질로써 서로 간에 차별적 대상이 된다. 그것이 최초로 의지가 생겨난 원인이다.
　그 이후로 의지가 증장된 것은 심식의가 쌓이는 과정을 통해서다.
　의지를 키우는 세 가지 방법이 있다.

　첫째는 밖에서 접해지는 외부상황을 차별적 대상으로 삼는 것이다.
　그러기 위해 필요한 것이 인식이 비교를 통해 이루어지도록 하는 훈련이다.

둘째는 안에서 일어나는 업식을 차별적 대상으로 삼는 것이다. 이때 갖추어야 할 것이 '중심'이다.

아이에게 '너 행복하니?' 라고 물어보면 '응, 행복해' 라고 대답하는 경우가 드물다.

무엇이 행복한 것인지를 잘 모르기 때문이다.

차라리 '너 심심하니?' '재밌니?' 라고 물으면 곧바로 대답한다.

행복이란 것은 자기 감정을 누릴 줄 알 때 생겨나는 마음이다. 대부분의 아이들은 재밌고 심심한 것은 느끼면서도 자기 감정을 누릴 줄 모른다. 아이에게 내면에서 일어나는 느낌이나 감정을 누릴 수 있도록 해줘야 한다.

그래서 아이로 하여금 자기 행복을 만들어 갈 수 있도록 해야 한다.

어른들은 그렇게 산다.

스스로가 행복하기를 원하고 그럴 수 있도록 자기를 이끌어간다.

아이들은 그러지 못한다.

아이가 자기를 누릴 줄 알 때 정서적인 안정이 갖춰진다.

그렇게 되면 심심한 것을 떨치려고 재미난 것을 찾아 헤매지 않는다.

어른들이 행복을 느낄 때는 여유를 갖고 휴식할 때이다.

자기를 돌아보고 자기 마음의 빈 공간을 만들어서 그걸 음미할 수 있을 때 '아! 행복하구나' 이렇게 느끼는 것이다.

아이는 마음의 여백을 행복으로 느끼지 않는다. 오히려 심심한 것으로 느낀다. 그래서 그걸 없애기 위해 안달을 한다.

아이들이 집중하지 못하고 불안정해지는 가장 큰 원인이 바로 그것이다.

아이들로 하여금 자기 내면에서부터 일어나는 느낌을 관찰할 수 있도록 해줘야 한다. 그러려면 중심[16]이 세워져야 한다.

중심을 통해 내면에서 일어나는 의식들을 비춰볼 수 있게 되면 자기 의식과 감정을 객관화시켜서 보게 된다. 그렇게 되었을 때 자기의식과 감정을 누릴 수 있고 마음의 여백도 즐길 수 있게 된다. 그 과정에서 차별적 분별을 할 수 있게 되고 의지가 키워진다.

어른들은 이런 얘기가 어려워서 애들은 모를것으로 생각한다. 하지만 그렇지 않다.

아이들이 철학적 소양이 없는 줄 알지만 절대 그렇지 않다. 오히려 더 많다.

아이에게 아이 수준에 맞추어서 얘기하면 재미없어한다.

그러지 않고 하늘이 왜 파란지, 물은 왜 흘러야 하는지, 나무는 왜 저렇게 모여 있어야 하는지, 그런 이치들을 얘기해주면 훨씬 더 좋아한다.

'넌 어떻게 생각해?' 라고 물어보면 상상하지 못했던 대답이 나

---

[16] 중심: 명치 위 1cm 속으로 5cm 되는 자리에서 세워지는 한 자리. 그 자리에서 편안함이 느껴지면 중심이 세워진 것이다.

온다.

아이는 이미 철학자다.

쟤가 못 알아들을 거다. 천만의 말씀이다. 아이들은 열려 있다. 어른들이 한 달 동안 죽으라고 노력해서 세타파에 들어간다면 아이들은 10분이면 들어간다.

아이들을 제대로 가르치려면 충분한 준비가 필요하다.

그렇지 않으면 숨 가빠서 못 가르친다.

그렇게 성장한 아이들이 시인이 되고 철학가가 된다.

어렸을 때부터 자기 내면을 음미할 수 있도록 해주면 특별한 감성을 갖게 된다.

세 번째는 본성과 심·식을 차별적 대상이 되도록 해서 의지를 키운다.

본성은 공적해서 현상 이전의 상태이고 그에 반하여 심과 식은 뚜렷하게 드러난 현상이다. 때문에 본성과 심·식은 그 자체만으로도 차별성을 갖고 있다. 하지만 본성과 심·식을 의지를 증장시키는 방편으로 활용하려면 먼저 본성을 인식해야 한다. 그러기 위해 필요한 것이 무심과 무념을 얻는 것이다. 무심은 중심을 세워서 갖추고 무념은 간뇌를 자극해서 얻는다. 무심과 무념을 얻을 수 있는 구체적인 방법은 알파파 학습법과 세타파 학습에서 다루어진다. 의지가 본성을 인식할 수 있도록 발전된 상태를 일러 '무위각'이 갖춰졌다 말한다.

대부분의 사람들은 마음의 여백을 갖추는 방법과 그 여백을 누리는 방법에 대해 알지 못한다.

나이를 먹고 나서야 그것이 필요한 것을 알게 되고 그 방법을 배우려고 노력한다.

마음의 여백을 누리지 못하고 재미만을 추구하기 때문에 심식의로 치닫게 된다.

그것이 바로 아이가 정서적으로 결여되어 있는 가장 큰 원인이다.

컴퓨터에 빠지고 오락에 빠지고 하는 것이 다 그것 때문이다. 심식의의 재미를 충족시켜주기 위해서는 끝없이 변화될 수 있는 경계가 필요하다. 그래서 그걸 찾아 헤매는 것이다.

마음의 여백이 그냥 생기는 것이 아니다. 신경 억제체계나 신경 전달체계가 효율적으로 운영되어야 갖춰진다.

의지도 부교감신경을 지배하는 신경 전달 물질을 촉진시켜줌으로써 키워진다.

호흡, 동작, 발성을 통해 신경 억제체계와 신경 전달체계가 원활하게 전환될 수 있는 조건을 만들어주면 그 과정에서 유위각과 무위각이 갖춰진다.

장부와 몸의 구조물, 말초신경과 중추신경의 균형이 깨져 있을 때는 신경 전달체계와 신경 억제체계가 원활하게 이루어지지 않는다. 그래서 의지를 증장시키고 마음의 여백을 갖추기 위해서는 그런 상태를 개선해야 한다.

- 간 · 비장 균형 잡기

　베타파 상태에서 의지를 단련시키려면 간과 비장의 균형을 잡아야 한다.
　몸의 구조물 중에 힘줄(인대)은 간이 담당하고 근육은 비장이 담당한다.
　간이 나빠지면 인대가 약해진다. 그럴때는 옆으로 누워 자다가도 어깨 인대가 늘어난다. 비장이 나빠지면 근육이 약해진다. 쥐가 난다든지 근육이 경직된다든지 하는 것들이 그 때에 생기는 현상이다.
　의식을 놓고서는 간은 보는 것과 냄새 맡는 것을 담당한다.
　비장은 촉감과 생각을 담당한다.
　베타파 상태에서 의지를 단련하는 첫 번째 방법이 근육과 힘줄을 단련시키는 것이다. 힘줄과 근육을 단련하면 힘줄을 주관하는 간과 근육을 주관하는 비장이 튼튼해지면서 의지가 키워진다.
　근육과 힘줄의 움직임은 적핵 척수로에서 주관한다.
　적핵 척수로는 중뇌에서 시작되어 사지 말단으로 뻗어있다. 이것은 육체의 강운동을 주관하는 신경전달경로이다.
　적핵 척수로를 어떻게 자극하느냐에 따라서 힘줄과 근육 상태가 달라진다. 적핵 척수로를 자극할 수 있는 가장 좋은 방법이 엄지발가락 운동 이다.

엄지발가락을 활용한 적핵 척수로 운동은 근육과 힘줄을 단련시켜 주는 것은 물론이고 간과 비장의 균형, 양쪽 신장 균형, 심장과 폐의 균형까지 잡아준다. 그러면서 뇌파까지 안정시켜 준다. 알파파를 거치지 않고 베타파에서 세타파로 직접 들어가게 한다. 그래서 세타파 학습에서도 심도 있게 쓰여지는 방법이다.

일반적인 운동을 통해 힘줄과 근육을 단련하면 간·비장의 균형은 잡히지만 좌뇌·우뇌 균형은 바로잡히지 않는다.

하지만 엄지발가락을 활용한 적핵 척수로 운동은 뇌파를 세타파로 만들어 가면서 좌뇌·우뇌의 균형까지도 잡아준다.

- 엄지발가락 운동법 -

자리에 편안하게 눕는다. 처음에는 엄지발가락을 까딱 까딱 움직인다. 그런 다음에는 땅에 떨어진 구슬을 엄지발가락으로 움켜쥔다고 생각한다. 이때 나머지 네 발가락도 함께 움직인다. 엄지발가락만 따로 움직이는 것이 힘들기 때문이다.

구슬을 잡듯이 움켜쥐었던 엄지발가락을 천천히 풀어놓는다.

이때 중요한 것이 양쪽 엄지발가락의 움직임을 똑같이 하는 것이다. 속도나 움직임의 크기, 구부러지는 각도 등 모든 동작이 똑같이 이루어져야 한다. 되도록 천천히 하는 것이 좋다. 발가락을 움직이는 속도가 빨라서는 안 된다.

엄지발가락을 오므리면서 구슬 잡는 동작을 하게 되면 근육과 힘줄에 힘이 들어가면서 적핵 척수로가 자극된다. 왼발 오른발을 똑같이 움직여주면 간과 비장이 함께 반응한다. 엄지발가락의 안쪽 부분은 간에서 나오는 냉기가 빠져나오고, 엄지발가락의 바깥 부분에서는 비장에서 나오는 냉기가 빠져나간다.

나른하게 저릴 때도 엄지발가락 운동을 해주면 없어진다.

엄지발가락 운동을 하다 보면 쥐가 날 때가 있다. 그때 시원한 오렌지주스를 마셔주면 쥐가 풀린다.

간과 비장이 지나치게 견제되면 힘줄과 근육의 균형이 깨지면서 쥐가 난다.

그래서 그 상태를 해소시켜 주려면 간을 먼저 자극해서 간의 힘을 빼주든지 비장을 먼저 자극해서 비장의 힘을 더해 주든지 해야 한다.

그때 쓰이는 것이 오렌지주스 이다.

시고 달고 차가운 것을 먹으면 뇌가 강하게 자극 받는다.

그러면 간과 비장을 작동시켜서 오렌지주스를 빨리 흡수하라고 명령한다. 소화하려면 간·비장이 동시에 쓰여야 한다.

그 과정에서 서로 견제하던 것을 중단한다.

그 현상이 오렌지주스가 입 안에 들어가자마자 시작된다. 그러면서 그 즉시 쥐가 풀린다.

아이들이 아플 때도 발가락 운동을 시켜주는 것이 좋다. 특히 고열이 났을 때 열을 내리는 데 효과가 좋다.

발가락 운동을 하면서는 어느 부위에서 어떤 자극이 오는지를 세심하게 살펴봐야 한다. 구부린 상태에서도 살펴보고 편 상태에서도 살펴보고 구부리고 펴는 과정에서도 살펴본다.

이때 힘이 들어가는 것은 오로지 엄지발가락밖에 없어야 한다. 나머지 발가락들은 모두 다 힘을 뺀 상태가 되어야 한다.

엄지발가락 운동을 하면서 자극이 드러나는 경로를 따라 머리 쪽으로 올라가다 보면, 무릎에서 생긴 문제, 골반 쪽에서 생긴 문제, 자궁이나 전립선에서 생긴 문제들이 모두 다 드러난다. 허리나 어깨, 배 쪽과 가슴 쪽, 머리 쪽에서 생긴 문제들도 모두 드러난다. 잘못된 부위에서 강한 자극이 오고 통증이 느껴진다.

처음에 나타났던 자극이 시간이 지나면서 괜찮아지는 것은 치료가 되기 때문이다.

이 운동을 하면서는 진단과 치료가 같이 이루어진다.

그래서 엄지발가락 운동을 하면서 아픈 곳이 드러나면 좋은 것이다.

엄지발가락 운동을 하다 보면 발가락이 얼음장처럼 시려울 때가 있다. 발가락 사이에서도 찬바람이 빠져나가는 것이 느껴진다.

머릿속에 있는 냉기들이 빠져나오는 것이다. 이때 장부나 골반, 허리 쪽에 있는 냉기들도 함께 빠져나온다.

엄지발가락 운동으로 모든 병이 다 드러나진 않지만, 최신진단 장비로도 안 나오는 병들이 이 운동을 통해 드러난다. 그냥 부분적으로 잘못된 것뿐만이 아니라 전체적으로 연결된 경로가 드러난다.

하루에 10분이면 된다. 기역 발성 5분, 발가락 운동 5분이면 최상의 학습 조건이 만들어진다.

머릿속의 중뇌·교뇌·연수영역을 치료한다는 것은 매우 어려운 일이다. 그 부위를 치료하는 가장 좋은 방법이 발성과 엄지발가락 운동이다.

엄지발가락 운동을 하다 보면 엄지발가락에서부터 뒤통수 안쪽까지 철삿줄이 당겨지듯이 팽팽한 느낌이 들 때가 있다. 그것이 바로 적핵 척수로의 경로가 자극되는 현상이다.

엄지발가락 운동을 충분히 연습해야 한다.
그리고 발가락 운동을 하면서 나타나는 경상들을 충분히 체험해야 한다.
그래야 아이들을 검사하고 교정할 수 있다. 엄지발가락 운동은 소파에 앉거나 침대에 누워서 해도 괜찮다.
단, 발성은 운전하면서는 하지 않는 것이 좋다.

- 재미있게 인식하기 (망상체 풀어주기)

베타파 상태에서 의지를 단련하는 두 번째 방법은 재미를 갖도록 해주는 것이다.

재미란 신경세포가 갖고 있는 유희성이다. 이것은 도파민이 분비될 때 해마를 이루는 신경세포들이 흥분하면서 만들어진다. 재미있게 인식되었던 상황들은 기억하려고 하지 않아도 저절로 기억된다.

망상체 영역이 경직되어 있으면 재미를 느끼지 못한다. 아무리 재미있는 상황을 접해도 덤덤할 뿐이다. 그렇게 되는 것은 도파민이 잘 분비되지 않기 때문이다.

도파민은 망상체 영역에서 분비되어 편도체로 전달된다. 교뇌, 연수, 중뇌 영역에 걸쳐서 망상체가 형성되어 있다.

망상체의 경직을 풀어주면 다시 재미를 느낄 수 있게 된다. 그러기 위해 쓰이는 것이 발성법이다.

교뇌·연수를 풀어줄 수 있는 효율적인 발성법이 있다.

그것이 바로 '기역 발성법'이다.

기역 발성은 크게 세 단계로 이루어져 있다. 첫 번째 단계는 교뇌·연수를 풀어주는 단계이다. 두 번째 단계는 간뇌와 대뇌 변연계를 전체적으로 자극하는 단계이다. 세 번째 단계는 미주신경을 순화하는 단계이다.

간뇌와 대뇌 변연계를 전체적으로 자극하는 기역 발성과 미주신경을 순화하는 기역 발성에 대해서는 세타파 학습법에서 논해진다.

여기서는 교뇌·연수를 풀어주는 기역 발성에 대해 말해보겠다.

- 기역 발성으로 교뇌.연수 풀어주기

혀를 아랫니 뒤쪽에 살짝 댄다.
숨을 아랫배로 깊이 들이쉬었다가 길게 내쉬면서 기~~~ 하고 발성한다.
그러다가 호흡이 다하면 역! 하고 짧게 끊어준다.
기~~ 발성을 하면서 혀끝의 떨림이 아랫니를 떨게 하는지 살펴보고 다시 아랫니의 떨림이 턱을 울리게 하는지를 느껴본다.
턱 떨림이 느껴지면 뒤통수에다 손을 얹고 머리뼈 안쪽에서 기~~ 소리의 진동이 느껴지는지를 살펴본다.
이 부분을 좀 더 구체적으로 설명해 보자.
풍지혈 밑으로 엄지손가락 끝을 대고 아문혈에다 검지손가락 끝을 댄다. 그런 다음 옥침혈에 중지 끝을 대고 그 위로 약지를 포개 놓는다.
그 상태에서 기~~ 발성을 하면서 턱 떨림, 엄지손가락 안쪽 떨림, 검지, 중지, 약지의 안쪽 떨림을 차례대로 느껴본다.
기~~발성을 할 때 턱 진동이 안 느껴지면 삼차신경과 안면신경이 훼손된 것이다.
삼차신경에서 이상이 생기면 여러 가지 질병이 생긴다. 그 중에 한 가지가 우울증이다. 턱 떨림이 안 느껴지면 이미 우울증이 생긴

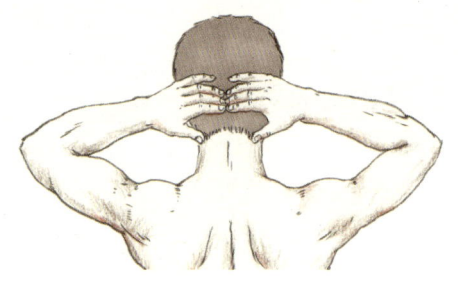

〈기역 인법〉

것이다.

과잉행동장애(ADHD)나 집중력 저하도 이런 상태에서 생긴다. 가장 극단적인 베타파 상태이다. 이런 아이들은 기쁨을 느끼지 못한다.
 기역 발성을 하면서 턱 떨림을 느낄 수 있으면 그런 질환들이 대부분 개선된다.
 아이들은 5분이면 된다. 많이도 필요 없다. 3일 정도 5분씩만 해도 우울증이나 과잉행동장애 같은 것은 다 없어진다.

턱 떨림이 안 느껴졌을 때 그것을 살려내는 방법이 있다.
 턱을 가볍게 쥐고 기역 발성을 하는 것이다.
 손을 댄 상태에서 진동이 느껴지면 손을 떼고 발성을 해본다. 그래서 진동이 느껴지면 삼차신경이 살아난 것이다. 만약 진동이 안 느껴질 때에는 진동이 느껴질 때까지 반복한다.

삼차신경과 안면신경을 훼손시키는 가장 큰 원인이 바이러스다. 감기나 신종플루 등 대부분의 바이러스 질환들은 교뇌와 연수영역을 훼손시키면서 삼차신경과 안면신경을 나빠지게 한다.

뒤통수 진동이 느껴지지 않다가 뜨거운 열기가 느껴지는 경우는 경직되어 있던 교뇌가 풀어지면서 생기는 증상이다. 그때 냉기가 뿜어져 나오는 경우도 있다. 그 냉기들이 손가락을 타고 팔로 들어오면 팔뚝과 어깨가 아프게 된다. 교뇌와 연수를 경직시킨 냉기를 빼내기 위해서 기역발성을 할 때 뒤통수를 손가락으로 짚어주는 것이다.

도넛츠 학습법 체계 중에 검사 프로그램이 있다.

발성 하면서 자기를 진단하고 교정하는 프로그램이다.

이 프로그램을 통해서는 장부 상태는 물론이고 뇌와 신경, 몸을 이루고 있는 대부분의 구조물들을 진단하고 교정할 수 있다. 특히 간·비장의 균형상태, 좌뇌·우뇌의 균형 상태, 중추신경과 말초신경의 균형상태, 뇌 신경의 상태를 진단하고 교정하는 데에는 가장 효과적인 방법이다. 이 프로그램을 활용하면 뇌성마비나 자폐증도 교정할 수 있다.

뇌성마비는 100% 교정은 힘들지만 육안으로 구분될 만큼 교정이 가능하다.

자폐는 80% 정도 교정할 수 있다. 약간 어눌한 소통이 있을 순 있지만 저 아이가 자폐라는 걸 모를 정도까지 교정한다.

30초도 집중하지 못하던 아이가 기역 발성 5분만 하고 나면 다음 날은 30분을 집중한다.

망상체 영역이 경직되어 있으면 발음이 부정확하고 상황에 대한 대처능력이 떨어진다. 신경전환이 더디게 이루어지기 때문이다. 그런 상태가 정도 이상 지속되면 공황장애가 유발된다.

③ 베타파에서 벗어나기

베타파 상태에서 벗어나려면 중심을 세우고 간과 비장의 균형을 잡아줘야 한다.

몸의 좌우 균형을 바로 잡고 중심의 편안함에 입각해서 의식과 감정이 쓰이도록 하면 베타파에서 벗어난다.

중심 대신 다른 방편을 갖고서도 알파파 영역에 들어갈 수 있다. 하지만 알파파의 초입일 뿐 더 깊게 들어가지는 못한다. 방편을 잡고 있는 의지와 의식이 서로 다투기 때문이다.

의지가 인식의 주체가 되면 알파파 영역이 좁고 베타파 영역이 넓다. 반면에 중심이 인식의 주체가 되면 알파파 영역이 넓고 베타파 영역이 좁다. 중심 자리는 간뇌와 서로 연결되어 있다. 그래서 중심을 자극하면 간뇌가 자극된다.

알파파는 고유진동수에 따라 5단계로 나뉜다. 알파파의 고유진동수는 18 진동에서 14 진동 사이이다. 처음 중심을 세웠을 때가 18 진동이다.

베타파에서 제시되는 모든 학습은 중심을 세울 수 있는 기초를 만드는 것이다.

2-2. 알파파

- 알파파란?

　알파파의 뇌파는 8헤르쯔에서 12헤르쯔이다.
　중심을 활용하고 중심을 진보시키면서 알파파 학습이 이루어진다.
　알파파 상태에서는 좌뇌 · 우뇌가 통합적으로 쓰인다.
　이때 좌뇌 · 우뇌가 통합되려면 중심과 간뇌가 서로 연결되어야 한다.
　이 상태에서도 좌뇌 · 우뇌가 균형을 잡은 것은 아니다. 다만 간뇌를 자극해서 좌뇌 · 우뇌를 통합적으로 쓸 수 있는 조건을 갖춘 것 뿐이다.
　그러므로 무의식에서 올라오는 정보와 표면적으로 인식한 정보가 원활하게 교류하는 상태이다. 즉 기억이 아주 잘 된다는 말이다.
　알파파의 의식은 맑고 명료하다. 머릿속이 투명하게 느껴질 만큼 맑다. 빈 것이 아주 뚜렷하게 인식이 된다. 그러면서 지극하게 안정이 되어 있다.

　알파파에서는 미세적 유위각이 쓰여진다.
　이때에는 혼의식으로 표출되는 업식과 외부의식으로 접해지는 현상, 그리고 표면의식으로 접해지는 정보를 규합시키면서 각성을 키운다.

미세적 유위각의 상태에서는 외부의식이 접촉되는 것을 인식할 수 있다. 보기도 하고, 듣기도 하고, 느끼기도 할 수 있다. 그러면서 인식되는 현상이 자의식에서 표출된 것인지 외부의식에서 전이된 것인지를 구분할 수 있다. '이것은 내 전생의 일이다' '이것은 저 사람의 생각이 나한테 들어온 것이다' '이것은 나의 어느 부분에서 표출되는 의식들이다' 하는 것을 관찰할 수 있는 것이다.

미세적 유위각이 갖춰지면 외부의식이 인식되거나 혼의식이 표출되었을 때 두려움이나 거부의식을 갖지 않는다.

알파파의 고유진동수는 18 진동에서 14 진동이다.

18 진동은 초기 알파파이고 14 진동은 깊은 알파파이다.

베타파의 상태, 즉 24 진동의 상태에서 눈, 귀, 코, 입, 몸, 생각이 닫히면 18 진동이 된다. 이것은 잠든 상태다. 중심에 입각해서 보고 듣고 느끼고 생각하는 것이 쓰여지면 깨어있는 상태에서 18 진동이 된다.

18 진동에서 14 진동 사이를 오고 가면서 알파파 학습이 이루어진다.

고유진동수를 조절할 수 있는 역량이 갖춰지려면 중심분리가 이루어져야 하고 중심과 간뇌를 통합해서 쓸 줄 알아야 한다. 중심은 무심의 주처이고 간뇌는 무념의 주처이다.

무심과 무념이 서로 보완적 관계가 되면 상대적으로 진보할 수 있는 조건이 된다.

중심과 간뇌를 연결하면 무심은 더욱더 깊어지고 무념은 더욱더 공고해진다.

처음 무념을 인식하는 것은 중심에 입각해서 의식이 쓰이면서부터이다. 중심의 편안함에 입각해서 의식이 쓰여질 때 의식이 아무렇지 않은 상태가 곧 무념이다. 그다음 단계로 무념을 진보시키는 것이 호흡과 발성을 통해 간뇌와 대뇌변연계를 자극하는 것이다. 이때 쓰여지는 호흡이 무념주 호흡이고 발성은 한글 자음 발성이다.

호흡과 자음 발성법에 대해서는 뒤에 세타파 학습법에서 구체적으로 다뤄진다.

알파파를 지속하려면 의식과 감정과 의지가 서로 다투지 않는 관계가 되도록 해야 한다. 의식과 감정과 의지가 서로 다투는 상태를 번뇌라고 한다. 번뇌에는 추 번뇌[17]가 있고 세 번뇌[18]가 있다. 알파파 상태에서는 추 번뇌가 일어나지 않는다.

---

17) 추 번뇌: 거친 번뇌
18) 세 번뇌: 미세한 번뇌

① 알파파 학습의 주체, 중심

- 중심이란 무엇인가?

중심이란 명치 뒤 1cm 속으로 5cm 들어간 자리에서 세워지는 편안함이다.
즉 감정이 동요되지 않는 상태라는 말이다.

- 중심 세우기

베타파에서 벗어나 알파파가 되기 위해서는 간 비장의 균형을 맞추어서 의지가 돈독해지도록 하고 그런 다음 그 의지를 활용해서 중심 세우기를 해야 한다.
중심을 세운다는 것은 가슴 바탕의 한 자리에서 편안함이 갖춰지도록 하는 것이다.
가슴 바탕의 한자리는 명치 위 1cm, 속으로 5cm 들어간 자리이다.
아이들에게 중심자리를 알려주고 그 자리를 느껴보라고 하면 많은 아이들이 그 자리에서 빛이 보인다고 말한다. 어릴수록 더 그렇다. 파란 신호등이 있다고도 하고 빨간 눈이 있다고도 한다. 중심보기를 하면서 느껴지는 것을 그림으로 그려보라거나 글이나 시로 써보라고 한다.
그러면 놀라운 시들이 나온다. 절대 아이가 쓴 시가 아니다. 시인이 쓴 것처럼 멋진 시들이 나온다. 개중에는 미래를 보거나 전생을 보는 아이들도 나온다.

심상화 기법이 중심보기와 같이 쓰이면 훨씬 더 깊은 세계를 경험한다.

처음부터 중심을 느끼는 것이 쉽지는 않다.

어떤 아이들은 명치 위 1cm 속으로 5cm 들어간 그 자리에 의지를 집중하는 것도 어려워한다. 그런 경우에는 먼저 가슴 바탕 전체를 편안하게 해주는 것이 필요하다.

그때 쓸 수 있는 방편이 자음 발성 중 중심 이응 발성이다.

혀를 입 중간에 놓고 이~~ 발성을 하는데 혀끝이 이빨에 닿아서도 안 되고 입 바닥에 닿아서도 안 된다.

이~~ 하면서 명치 주위, 가슴 주위가 울리도록 해준다. 그리고 숨이 다하면 '응!' 하고 딱 끊어준다.

가슴이 이~~ 하는 진동으로 울리는 것을 느껴보자.

이렇게 해서 가슴상태를 풀어주고 이응이 끝난 다음이나 이응이 진행되는 동안에 가슴이 편안한 상태를 느끼도록 해준다.

이응 발성을 할 때 중심에서 나타나는 증상들이 있다.

그 증상을 놓고 아이의 상태를 진단할 수 있다.

평소에는 안 나타나던 증상들도 이응을 하다 보면 나타난다.

간 비장의 상태뿐 아니라 나머지 오장육부 전체의 상태가 중심에서 나타난다.

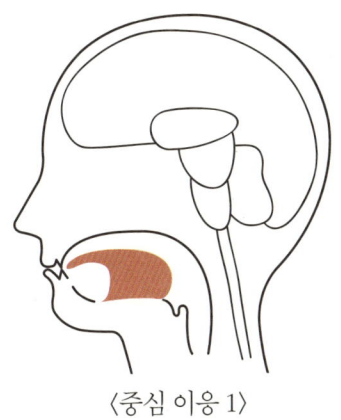

〈중심 이응 1〉

〈중심 이응 2〉

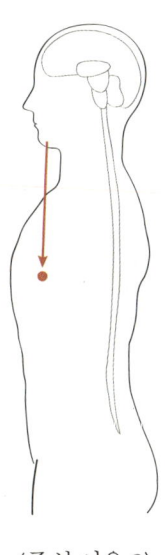

〈중심 이응 3〉

특히 장부의 부정적인 상태가 드러난다.

중심 자리가 뻐근하게 아프면 심장이 안 좋은 것이다.

중심 자리가 바늘로 콕콕콕 찌르듯이 아프면 폐가 안 좋은 것이다.

답답하면 위장이 안 좋은 것이다.

더부룩하면 소장이 안 좋은 것이다.

예민하고 까탈스럽고 진정이 안 되면 대장이 안 좋은 것이다.

조급한 마음이 일어나면 방광이 안 좋은 것이다.

불안하면 담이 좋지 않은 것이다.

미슥거리면 비장이 좋지 않은 것이다.

울렁거리면 간이 좋지 않은 것이다.

설레면 신장이 좋지 않은 것이다.

빙글빙글 돌면서 속이 미슥거리거나 울렁거리면 외부의식이 들어와 있는 것이다.

장부의 부정성이 다스려지지 않으면 중심이 세워지지 못한다. 그래서 중심 보기를 하면서 드러나는 부정적인 현상들은 그때그때 제도해 줘야 한다.

장부의 부정성이 다스려지고 중심의 편안함이 지속되면 중심이 세워진 것이다.

중심 이응을 통해 중심을 세우는 것과 중심을 제도하는 것이 함께 이루어진다.

아이가 직접 중심이응을 하면서 자신의 장부 상태를 읽어낼 수도 있고, 교사의 중심으로 아이를 일치시켜서 느낄 수도 있다. 교사의 중심이 제대로 세워져서 중심을 활용할 수 있게 되면 그런 상태에서 아이를 진단하고 아이에게 맞는 학습의 방향들을 제시해 줄 수 있다.

그러려면 교사 본인의 중심이 확고하게 갖춰져야 한다.

중심을 활용할 줄 알면 자기 몸을 들여다보면서 자기진단을 할 수 있다.

- 중심과 친해지기

중심을 세웠으면 그때부터는 중심과 친해지기 위한 과정이 필요하다.

중심으로 음악 듣기, 중심으로 북소리 듣기, 중심으로 시냇물소리 듣기, 중심으로 하늘 바라보기 등 다양한 방법들을 활용해서 중심과 친해진다.

처음 중심을 세울 때부터 그 과정이 재미있도록 단계적으로 유도해 가야 한다.

먼저 가슴으로 받아들이게 하고 그런 다음 가슴 전체에서 편안함을 느끼도록 한다. 그리고 명치 위 1cm, 속으로 5cm 들어간 자리에서 그 편안함을 느끼도록 한다.

중심을 세우는 방법도 개개인의 근기에 맞게 다양하게 개발해야 한다. 선생님이 먼저 아이의 중심을 읽을 수 있다면 아이의 상태에 맞게 아주 다양한 기법들을 통해서 중심을 세워줄 수 있다. 아예 중심을 일치시켜서 중심을 진보시켜 줄 수도 있다. 그렇게 되면 근기를 키워주는 중간과정을 거치지 않고도 아이가 쉽게 안정이 되고 편안해질 수 있다.

매일 수업을 하기 전에 아이와 일치해서 선생님이 갖고 있는 편안함을 나눠주고 난 뒤에 수업 하면 그 효과가 훨씬 더 증진된다.

본인이 먼저 중심에 대한 투철한 각성을 갖추고 있어야 주변을 이끌어갈 수 있다.

좀 더 쉽게 중심을 세울 수 있는 자기만의 방식을 갖추는 것도 필요하다.

처음 중심이 세워졌을 때는 중심에 집중하는 시간이 짧다.

때문에 아이들로 하여금 중심과 친해질 수 있는 조건을 만들어줘야 한다. 아이들을 그렇게 이끌어 가려면 선생님이 먼저 자기 중심을 재미있게 보는 방법을 알아야 한다.

- 수상관

수상관이라는 방법이 있다.

사물의 이미지와 중심을 일치시켜서 중심과 친해지는 한 가지 방법이다.

큰 그릇에 물을 떠놓고 그것을 바라보게 한다.

그런 다음 눈으로 보는 것에 대해서 어떠한가를 물어보고 그것을 중심에서 느끼도록 해준다.

그릇에 담긴 잔잔한 물이 가슴 속에 들어앉았다고 생각하게 해주는 것이다. 그리고 가슴 속에 들어온 잔잔한 물을 지켜보도록 한다. 물의 잔잔함이 중심과 일치되면서 중심의 고요함이 더욱 깊어지고 그러면서 중심과 친해진다.

잔잔한 계곡물이나 강물을 놓고서도 수상관을 할 수 있다.

백두산 천지 사진을 수상관의 도구로 쓸 수도 있다.
이때에는 심상화의 기법을 같이 활용한다.
잠깐 이응 발성을 통해 중심을 울려 준다. 그런 다음 중심의 편안함을 느끼면서 선생님의 안내에 귀를 기울이도록 한다. 선생님 또한 중심을 느끼면서 안내를 시작한다.

"자 눈을 감고 스스로의 가슴을 느껴보자.
잔잔한 호수가 있다.
나는 한 마리 새가 되었다.
높은 창공 위로 날아올라 잔잔한 호수를 내려다보고 있다.
잔잔한 호수의 수면을 느껴본다.
수면의 잔잔함이 중심의 편안함이 된다.
천천히 숨을 쉰다.
숨을 들이쉴 때 호수를 보고 내쉴 때 이응 발성을 해준다."
이때에도 중심을 고요한 상태로 유지해가는 것이 가장 중요하다.
그래야만 다른 기법들을 더해가면서 고유진동수를 낮춰 갈 수 있다.

심상화와 발성이 합쳐지면 고요함이 그만큼 더 깊어진다.

상상으로 인식된 현상은 더 깊숙한 내면에 기록된다. 그래서 잊혀지지 않는다.

그래서 심상화로 기억된 편안함은 그 장면을 떠올리기만 해도 다시 드러난다.

잔잔한 호수, 그것과 편안함이 동치 될 수 있도록 해주면 마음이 불안하거나 중심이 흔들릴 때 호수를 떠올리는 것만으로도 순식간에 편안해진다.

현상을 보는 인식과 심상화, 그리고 각성.

이것이 서로 의지하게 되면 기억하고 떠올리는데 최적의 상태가 된다.

각성만 갖고도 중심의 상태를 조장할 수 있다. 미세적 유의각이 돈독하다면 각성만으로도 온전하게 편안함을 유지할 수 있다. 하지만 심상화를 같이 활용하게 되면 중심으로 들어가서 알파파로 들어가는 것이 가장 빨리 이루어진다. 그것은 마치 마술과도 같다.

발성법을 노래처럼 가르쳐서 노래하는 마음으로 발성하게 해주면 가장 효과적이다.

아이들이 따라 부르면서 여럿이 합창하도록 하면 더욱 좋다.

- 일상관

  중심을 확장시키면서 중심과 친해질 수 있는 또 한 가지 방법이 있다. 그것이 바로 일상관이다. 일상이란, 해의 모양을 말한다.
  해의 상태를 바라보면서 그것을 중심으로 삼는 것이다.
  지는 해를 보면 주변에 빛 무리의 띠가 있다.
  그때 해의 색깔을 보면 그 속이 흰색으로 보인다. 눈을 뜨고 해를 바라보다가 눈을 감으면 해의 잔상이 시각에 남아 있다. 그러면 그 잔상을 자기 중심에서 떠올린다. 이때 가슴의 다른 부분은 다 허공이 되고 중심자리는 둥근 해가 떠 있는 상태가 된다. 마치 허공에 북이 하나 걸려 있는 것처럼 그렇게 상상하는 것이다.

  해의 잔상을 중심에서 떠올려서 시각적으로 그려주면서 중심의 편안한 자리에서 해의 형태를 바라본다.
  그렇게 되면 중심이 비약적으로 확장된다. 동전 만하던 중심이 해만큼 커진다.
  해가 그런 형태로 중심에 떠 있으면 심장과 폐, 간과 비장, 그리고 위장 대장까지도 해의 범위 안에 들어있게 된다. 그때 장부순화가 통합적으로 이루어진다.
  앞서 말한 수상관은 위에서 내려다보는 관점에서 중심을 인식하는 법이고, 일상관은 앞에서 바라보는 형태로 중심을 인식하는 법이다.

일상관을 통해서는 해가 갖고 있는 그 자체의 에너지들이 중심에서 공유된다. 그래서 그 에너지를 통해 장부를 순화한다.

해가 떠오를 때는 눈이 부시고 아파서 오랫동안 바라보기가 어렵다. 반면에 해가 질 때는 다 질 때까지 그려보기를 할 수 있다. 그래서 반드시 지는 해를 보고 일상관을 해야 한다.

중심과 친해진다는 것은 쉬운 일이 아니다. 중심에다 마음을 두고 살아본 적이 없기 때문이다. 중심을 세워서 그 자리와 친해질 수 있는 조건을 만들어 주는 것이 알파파 학습의 핵심이다.

눈, 귀, 코, 입, 몸, 생각으로 인식하는 것과 중심으로 인식하는 것은 차이가 있다.

중심으로 인식한다는 것은 혼신을 다하는 것이며 가슴에 새기는 일이다.

가슴에 새겨지는 것들은 그대로 간뇌를 자극해서 무의식에 내재된다.

중심은 오장의 결과가 나타나는 자리이고,

간뇌는 오장을 주관하는 자율신경이 시작되는 지점이다.

- 중심으로 제도하기

중심을 갖춘 다음에는 중심에 입각해서 심식의를 제도해야 한다. 아이들에게 감정과 의식과 의지가 네가 아니라고 말해주면 알아듣지 못한다.

오히려 '그럼 뭐가 나예요?' 라고 반문한다.

그때에는 의식과 감정이 생겨나는 원리를 알려줘야 한다.

슬픔의 모습은 본래 어떤 것인가? 그것은 왜 생겨나는가?

기쁨의 본래 모습은 어떤 것인가? 그것은 왜 생겨나는가?

생각은 무엇인가?

그것은 어디에서 나오는가?

이런 원리들을 제대로 설명해서 아이들로 하여금 심식의가 자기가 아니라는 것을 알려줘야 한다.

6식으로 슬픔을 바라보는 것과 중심으로 슬픔을 바라보는 것은 차원이 다르다.

그래서 슬픔을 떠올리게 해주고 그것을 중심을 통해서 바라보도록 하면 감정에 대한 새로운 이해가 생긴다.

편안함을 중심의 바탕에 깔고 슬픔을 떠올려서 상상해 보도록 한다.

그랬을 때 중심의 느낌이 어떤지를 관찰해본다.

슬픔은 심폐가 수축되어서 생긴다.

그럴 때는 중심이 뻐근하게 아프든지, 폭폭폭 찌르는 듯이 아프든지, 아니면 두 가지 느낌이 함께 느껴진다.

그런 느낌은 심장과 폐가 줄어들어서 생긴 것이다. 아이가 그런 증상을 직접 느끼도록 해주고 슬픔은 심장과 폐가 줄어들어서 생긴다고 얘기 해주면 아이는 그 말을 믿게 된다.

슬픔이 해소되었을 때 중심을 보면 그때는 기쁨이 느껴진다. 중심에서 뿌듯한 느낌이 생겨나는 것이다. 심폐가 줄어들었던 것이 다시 확장되면서 뿌듯함이 생기고 웃음이 나오는 것이다. 미소가 지어지고 하하 웃게 되는 것은 심폐가 확장되면서 오는 증상이다.

의도적으로 웃게 해서 심폐를 확장시키고 중심에서부터 기쁨이 일어나는 것을 느끼게 할 수도 있다.

그때 아이들이 생명현상에 관해 관심을 보이면 그때 심폐수축이 일어날 수 있는 원인에 대해 가르쳐 준다. 교감신경이 둔화되고 미주신경이 활성화되기 위한 신경전달 체계와 그런 조건이 만들어지기 위해 뇌와 장부가 어떻게 연계되어야 하는지 이런 이치들을 설명해 주는 것이다.

그런 교육을 받은 아이들이라면 능히 감정이 본래 내 것이 아니라고 생각해서 어떤 감정이 일어나도 그것에 이끌리지 않고 관여되지 않을 수 있게 된다.

나아가서는 중심의 편안함이 참다운 감정이라는 것을 알게 되어서 그것과 친해지고 그것을 지켜가고자 노력하게 된다.

- 이면의 활용

중심과 친숙해진 이후에 알파파를 더 깊게 하려면 중심분리를 해야 한다. 중심분리란 중심의 표면에서 인식했던 현상에 대해 관여되지 않는 자리를 중심의 이면에서 세워주는 것이다. 그 상태를 중심과 영대[19]라인 안에서 인식한다.

중심의 표면에서 슬픔이 일치되었을 때를 예로 들어보자.

중심에서 영대 쪽으로 의식을 전이시켜 가면서 표면의 슬픔에 관여되지 않는 자리를 찾는다. 그 자리가 드러났으면 그 자리에 의지를 두고 표면의 슬픔을 비춰본다. 그러다 보면 표면의 슬픔이 사라지는 것이 느껴진다. 이런 경우를 일러서 '이면에 입각해서 표면을 제도했다'고 말한다. 이면을 활용해서 자기를 제도하는 것을 '일'이라고 한다.

'일'은 사람이 생명성을 확장시키는 것을 즐겁게 행한다는 뜻이다. 그런 방법으로 슬픔을 치유하듯이 짜증날 때도, 심심할 때도, 화날 때도 그렇게 치유하라고 가르쳐 준다.

그럴 수 있다면 아이는 일할 수 있는 사람이 된다.

중심에다 비추고 이면으로 들어가서 그때그때 일어나는 습성을 다스릴 수 있게 되는 것이다.

---

[19] 영대: 흉추 5번째 마디와 6번째 마디 사이에 있는 경혈

아버지가 잘되기를 원한다면 아버지를 중심에서 느껴보고 아버지가 잘 되어 있는 모습을 상상해 보도록 한다. 그리고 그 과정에서 나타나는 아버지의 업식들을 이면으로 들어가서 씻어주게 한다. 그렇게 하면 아이가 원하는 대로 아빠가 변화된다.
  남을 위해서 배려하고 위해줄 수 있는 마음이 이런 과정을 통해 저절로 체득된다.

  살아오면서 쌓아왔던 부정적인 것들이 씻어지지 않으면 고유진동수가 낮아지지 않는다. 중심을 통해 부정적인 것들을 제도하면서 고유진동수가 낮아진다.
  아이로 하여금 처한 상황에 맞게 이면을 활용할 수 있도록 해주면 자기를 제도하고 주변을 제도할 수 있는 능력을 갖추게 된다. 그런 아이는 이미 지도자가 될 수 있는 자질을 갖춘 것이다.
  사랑해라, 애국심을 가져라, 이런 소리를 하지 않아도 저절로 그런 심성을 갖게 된다.
  어렸을 때부터 그런 소양을 심어주는 것이 참으로 중요하다.

  이 교육은 어른들에게도 필요하다.
  자기 역할을 제대로 하기 위해서는 이면을 활용할 수 있는 능력을 갖추어야 하기 때문이다.
  중심을 주시하고 이면을 주시하는 것은 각성을 통해서 이루어진다.

각성이 갖춰지면 알아차림이 미세해져서 능히 대상과 스스로를 제도할 수 있다.

그냥 알아차리기만 하는 것이 아니라 일치된 대상이 원만해지도록 만들어 주는 것이다.

표면을 활용해서 어렵게 일치를 이루었던 사람은 이면으로 들어가는 것이 쉽다.

반면에 쉽게 일치를 이루었던 사람일수록 이면을 확보하기가 어렵다. 이면에 대한 필요성을 느끼지 못하기 때문이다.

개중에는 상대를 알기 위해 일치를 이루는 사람도 있다. 그런 사람은 오로지 아는 것을 '도'라고 생각하기 때문에 이면을 세우려는 의도를 갖지 않는다. 그런 사람에게 이면을 일러주는 것은 쉽지가 않다.

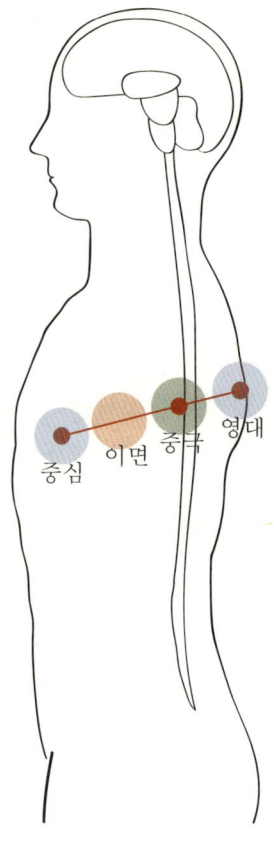

〈이면의 활용〉

② 알파파 학습법

- 재미있는 공부

이면에 의지를 집중하면 선천기가 깨어난다.
그렇게 되면 중심이 진보되고 간뇌가 자극된다.
이 상태에서는 좌뇌와 우뇌를 통합적으로 쓸 수 있다. 감성과 이성을 함께 쓸 수 있는 것이다. 이때의 인식은 재미를 수반한다.
아이들은 딱지치기나 카드놀이를 하면서도 재미를 느낀다.
어른들이 보기에는 아무것도 아니지만, 아이들은 그 단순한 것에서도 재미를 느낀다.
아이들은 본래부터 기쁨을 느낄 수 있는 에너지가 많다. 그 상태에서 좌뇌 · 우뇌가 통합적으로 쓰이면 기쁨 에너지가 더욱더 증장된다. 그런 조건이 학습에 활용되면 그 효과가 비약적으로 증진된다. 외우지 않아도 저절로 기억된다.

밝은성품을 저해하는 가장 큰 요인이 두려움이다. 두려움이 일어나면 세포의 문이 닫히면서 기억의 경로가 차단된다.
그래서 두려움을 조장해서 공부를 억지로 시키면 안된다. 소외감이나 외로움도 두려움을 일으키는 원인이다. 아이들은 혼자 있는 것 자체를 두려워한다.

모르는 것을 접하고 거부적인 것을 접했을 때에도 두려움을 느낀다. 두려움을 극복하는 것도 이면을 활용한다.

두려움이 없는 아이는 행복한 아이이다. 그런 아이들은 융화성이 좋다. 사랑을 듬뿍 받고 자란 아이일수록 두려움이 적다. 그런 아이들은 대부분이 밝고 긍정적인 성향을 갖고 있다.

반면에 사랑을 받지 못한 아이들은 자신감이 결여되어 있다. 사랑을 준다는 것은 아이가 항상 기쁨 속에 머물 수 있도록 하는 것이다.

기쁨을 충분히 누리지 못한 애들이 오락에 빠진다. 자라고 난 뒤에도 유희와 향락에 빠질 수 있다. 마약에 빠지는 것들이 그런 경우이다. 기쁨이 결여되어 있기 때문에 그런 쪽으로 내몰리는 것이다.

중심분리를 이루고 간뇌가 활성화되면 장부에 내재되어있던 무의식의 정보가 중추신경계로 원활하게 전달된다. 때문에 무의식의 정보와 지금 받아들이고 있는 정보가 의도하지 않아도 저절로 만나게 된다. 기억한다는 것은 무의식과 현재의식이 서로 만나는 것이다.

효율적으로 기억이 이루어지기 위해서는 무의식이 원활하게 표출될 수 있는 조건을 만들고, 현재 의식이 통합적으로 쓰이도록 해야 한다.

이렇게 되면 기억이 온전해진다. 중심과 간뇌가 활성화되면 무의식의 정보와 지금 받아들이고 있는 정보가 의도하지 않아도 저절로 재구성된다. 외우려고 하는 것이 아니다. 그렇게 인식되면 무의식의 정보와 지금 인식하고 있는 정보가 저절로 달라붙는다. 똑같이 책을 읽어도 그럴 수 있는 사람과 그렇지 않은 사람이 도달하는 결과가 다르다.

그럴 수 있는 사람은 그냥 책을 읽는다. 그러면 본래 갖고 있는 지식기반 위에 읽은 책의 정보들이 저절로 달라붙는다. 그 당시에는 지식이 더해졌는지 안 더해졌는지 본인도 잘 모른다. 그런데 필요할 때가 되면 그 지식이 쓰여진다.

알파파 상태에서는 엄청난 양의 지식을 섭렵할 수 있다. 복잡하게 펼쳐져 있는 여러 갈래의 정보들이 필요한 가지에 가서 달라붙어 잎이 되고 열매가 되게 하기 때문이다.

알파파 교육은 짧은 시간에 이뤄질 수 있는 교육이 아니다.

개별적인 프로그램을 짜서 한 학기 내지는 1년의 계획을 갖고 단계적으로 향상시켜가야 한다. 학습하는 대상에 따라서도 서로 다른 프로그램이 필요하다.

유치원 아이들을 대상으로 해서 알파파 학습을 하려면 그 아이들만을 위한 교안이 필요하다. '학습 도구는 뭐로 써서 어떻게 하겠다, 중심분리를 하는 방법은 어떤 기법으로 하겠다' 등 좀 더 명료하고 간단한 방법을 제시해서 아이들이 쉽게 알파파로 들어갈 수 있도록 해야 한다.

- 알파파 학습의 예

'그림을 본다.
중심으로 그림을 본다.
그림을 그린 사람의 몸 상태와 감정 상태가 느껴진다.
작가가 어떤 상태에서 그림을 그렸는지를 알게 된다.
이면으로 그림을 비춰본다.
작가가 작품을 만든 의도를 알게 된다.
공감하며 음미한다.'

중심으로 그림을 보게 되면 그냥 눈으로 볼 때와는 다르게 작가의 의도와 감성까지 느낄 수 있게 된다. 이와 같은 관점에서 다른 사람의 표현을 접해본 사람은 자기를 표현하는 것도 풍요롭게 할 수 있다. 잘 볼 줄 아는 사람이 잘 표현하는 것이다.
 그림을 중심으로 감상하면 대부분 공통된 얘기가 나온다. 그 그림의 주제가 슬픔이라면 슬픔을 느낀다. 다만 슬픔이 느껴지는 형태가 약간씩 다르다. 자기 업식이 섞여서 다른 분위기로 나타나기 때문이다.

베타파 상태에서는 반복 학습을 통해서 기억을 유지한다.
반면에 알파파 상태에서는 일치를 통해 정보가 들어온다.
시인을 만나면 시인이 되고 음악가를 만나면 음악가가 된다.

다만 기량을 습득하는 데는 시간이 걸린다.
시인을 앞에 두고 중심으로 느껴 보라고 하면 시인의 감성을 그대로 복사한다.
감성은 평생을 연마해서 갖춰진다. 그런데 중심을 활용해서 일치하면 순식간에 상대와 같은 감성을 갖게 된다. 그런 다음 시를 써보라고 하면 그 시인처럼 시를 쓴다. 기가 막히게 닮는다.

도넛츠 학습은 이론만 알아서는 가르칠 수 없다. 선생님이 그 기법들을 실제로 체득해서 배우는 사람을 단계별로 이끌어갈 수 있어야 한다.
어린 아이일수록 배우는 속도가 빠르다.
아이들을 1년 정도 가르치려면 엄청난 노하우가 필요하다.

선생님이 한 달 동안 습득한 내용을 애들은 하루면 따라온다.
그리고 그다음 과정을 원한다.
그때 원하는 것을 줄 수 있어야 한다. 흥미가 유발되었을 때 좀 더 많은 것을 가르쳐 줘야 한다. 넘쳐나는 호기심에서 촉발되는 수많은 질문들을 소화해 낼 수 있도록 포괄적인 지식을 갖고 있어야 한다. 그리려면 스스로가 먼저 의문을 갖고 사유할 줄 알아야 한다. 그냥 공상하고 상상만 해서 사유가 이루어지지 않는다. 자기 의식을 오픈시켜 놓고 다른 생명들의 정보와 자기 의식이 공유되도록 해야 한다. 그러기 위해 필요한 것이 중심과 이면이다. 중심을 세워서 의식을 개방하고 이면에 의지를 집중해서 모르는 마음으로 질문을 바라본다.

 신기한 현상이 접해져도 의지를 뺏기지 않고 사유가 끊이지 않도록 중심과 이면을 더불어서 지켜간다.

 예를 들어 중심에서 공룡이 나왔으면 공룡 자체를 다시 중심에다 비춰본다. 그리고 이면을 바라보면서 기다린다. 그러면 그 공룡과 연관된 정보가 다시 떠오른다.

 '이응은 왜 동그라미예요?' 이런 질문을 받을 수 있다.

 그때에도 중심에다 동그라미를 그려 놓고 이면에 머물러서 기다린다. 그러면 동그라미와 연관된 업식이 깨어난다. 그리고 외부의식들이 접촉 되면서 그 질문과 연관된 수많은 정보들이 쏟아져 들어온다. 그것을 관여되지 않은 마음으로 가만히 지켜본다. 그러다보면 이응이 동그라미가 된 뜻을 알게 된다.

 예전에 만화스토리 작가들을 모아놓고 수업을 한 적이 있다.

 만화가 박봉성씨와 함께 일하던 스토리 작가들이었는데 약 20여 명 정도였다.

 상상력을 키워주기 위한 수업이었다.

 작가들을 만나보니 다 피곤에 찌들어 있었다.

 중이 와서 창의력 강의를 한다고 하니 별로 관심도 없고 딴짓만 하고 있었다.

 간단하게 인사를 나눈 뒤 칠판에다 검은 점을 하나 그렸다.

그리고 종이를 나눠 준 다음 '보이는 대로 쓰세요.'라고 말했다.

멀뚱멀뚱 한참을 바라보더니 '동굴처럼 보입니다.' '점입니다.'하는 답들을 써냈다.

나중에 박봉성씨 친구가 왔는데, 그 사람에게도 종이를 나눠 주었다. 그 사람도 답안지를 냈다. 이 사람의 답안지에는 '봄날/ 길가/ 바위틈새에/ 진달래가/ 피었다.'라고 쓰여 있었다.

다들 그 사람을 쳐다보았다.

'도대체 어디에 진달래가 있습니까?'

모두가 이구동성으로 물었다.

'나는 시커멓고 볼품없어 보이는 저 검은 점이 아름다운 진달래였으면 좋겠다.'라고 대답했다. 나중에 물어보니 그분은 시인이었다.

어떤 화가에게 물었다.

'그림이 뭡니까? 당신은 왜 그림을 그립니까?'

화가가 대답했다.

'아름답지 않은 것은 아름답게 표현하고 아름다운 것은 더 아름답게 표현하는 것이 그림이라고 생각합니다. 세상을 좀 더 아름답게 보기 위해서 저는 그림을 그립니다.'

하면서 자기가 그린 그림과 사진을 보여주었다.

그림을 그리기 위해 찍은 사진이었는데, 예천에 있는 초간정이라는 정자의 사진이었다.

사진 속에는 얼기설기 나무가 얽혀 있고 그 뒤에 초간정이란 정자가 있었다. 그런데 그림에서는 복잡한 나무는 다 없어지고 단아한 돌 축대 위에 아름다운 정자만 그려져 있었다.

그러면서 이런 말씀을 하셨다.

'사람의 관계나 세상의 구조가 때로는 복잡하고 때로는 삐뚤어져 있을 수 있지만, 그 모든 것을 그림을 그리는 마음으로 보게 되면 그 속에서도 아름다움을 찾을 수 있고 또 올바름을 세울 수도 있게 됩니다.'

이와 같은 인식은 그냥 생기지 않는다.
그만큼의 노력과 그런 감성을 가져야 생기는 것이다.

많은 사람들이 그런 발상을 할 수 있다면 이 세상이 얼마나 아름다워 지겠는가.
자기를 변화시키고 상대를 변화시켜야 한다.

'인식이 아름다우면
기억이 아름답고
기억이 아름다울 때
표현이 아름답다.'

들어간 대로 나오는 것이다.

내 속에 어떤 정보를 집어넣느냐, 어떻게 집어넣느냐에 따라 나오는 결과가 달라진다.

그것을 모르기 때문에 아무것이나 집어넣는다. 긍정적으로도 받아들이고 부정적으로도 받아들인다.

그러다 보면 자기도 모르는 사이에 성격이 바뀌어 있다.

부정적이고 거부적으로 바뀌어 있는 것이다.

내 안으로 들어오는 것이 결국 내가 되어 다시 나온다는 것을 안다면 인식하는 것을 섣불리 하지 않게 된다.

인식의 주체가 무엇이냐, 어떤 상태로 인식하도록 하느냐가 기억과 표현에 절대적인 영향을 미친다.

의식과 감정과 의지는 허망하다.

그래서 덧없는 것이다.

하지만 그것이 아름답게 드러날 때는 이 세상을 장엄하게 한다. 허망한 의식과 의지와 감정이 좀 더 아름답게 드러나도록 해서, 스스로의 세계가 장엄해지도록 한다면 그때의 심식의는 허망한 것이 아니다.

아이들에게 이렇게 가르쳐야 한다.

우리는 그렇게 살지 못했다.

아름다운 세상은 저절로 만들어지지 않는다. 그런 노력을 통해 만들어진다. 그런 세상은 혼자서 만들 수 없다.

  더불어서 함께 갈 수 있는 구조는 교육을 통해서 만들어 진다. 그렇기때문에 교육의 종지가 그런 방향으로 제시되어야 한다.

- 알파파 학습의 효과

  고요함을 더 깊게 하고 중심의 활용성을 진보시켜가면서 알파파가 확장된다.

  눈, 귀, 코, 입, 몸, 생각의 영역에서 7식이 전체적으로 발현되도록 하면 알파파가 완전히 발현된 것이다.

  공법에 따라 꾸준히 노력하면 누구나 7식의 영역을 두세 가지 정도는 깨어나게 할 수 있다.

  수련을 하다 보면 따로 특별한 공법을 몰라도 그 중 몇 가지 의식이 발현되기도 한다.

  어렸을 때부터 7식의 영역이 열려있는 아주 특별한 아이들이 있다. 그런 아이들에게는 특화된 교육이 필요하다. 평범한 아이들과똑같은 환경에서는 적응하기가 어렵기 때문이다. 일반적인 교육은 베타파 상태에서 이루어진다. 식의 관점에서는 6식의 상태이다. 하지만 그런 아이들은 이미 7식의 상태이다. 그래서 알파파의 관점에서 교육해야 한다. 그런 아이들한테 반드시 필요한 교육이 중심을 세우는 방법이다.

중심만 제대로 쓸 수 있어도 알파파 영역을 전체적으로 발현할 수 있다.

중심을 쓰지 못하고 의식만 쓰게 되면 알파파가 제한적으로 쓰여진다.

베타파는 의식이 자기 개체식 안에 묶여 있다. 반면에 알파파에서는 의식 자체가 혼재되어 있다.

내 머릿속에 있는 생각도 내 생각일 수도 있고 다른 사람의 생각일 수도 있다.

베타파 상태에서는 외워서 기억하지만, 알파파 상태에서는 일치해서 습득한다.

③ 알파파 학습법의 장애

- 중심이 갖춰지지 않는 원인

중심이 제대로 갖추어지지 않는 원인은 장부상태 때문일 수도 있고 내면의 업식 때문일 수도 있으며 외부의식이 갖고 있는 성향 때문일 수도 있다.

장부상태가 원인이 되어 중심이 세워지지 않는 것에 대해서는 이미 앞장에서 설명했다.

장부가 갖고 있는 부정적인 상태가 중심에서 드러나면 중심의 편안함이 훼손되어서 중심이 세워지지 않는다.

  업식이 원인이 되어서 중심이 세워지지 않는 것은 드러나는 업식에 스스로를 망각해버리기 때문이다. 이때 드러나는 업식은 시각적으로 인식되기도 하고 촉감이나 후각, 청각, 사념 등으로 인식되기도 한다.
  업식이 깨어나면서 겪게 되는 장애와 그것을 극복하는 방법에 대해서는 뒤에 중심분리법에서 일부분 다뤄진다. 부족한 부분은 필자의 책 '관 중심의 형성과 여덟 진로의 수행체계'를 참고하기 바란다.

  아기들은 잠을 자면서도 외부의식이 접해진다. 대체로 꼬리뼈 쪽으로 들어와서 대장, 신장, 방광, 소장, 위장, 간, 비장, 심장, 폐를 거쳐서 머리로 올라간다.
  특수한 경우 외부의식이 몸 밖으로 빠져나가지 못하고 몸 안에 남아있는 경우가 있다. 그런 경우 눈빛을 보면 검은 동자의 범위가 넓어져 있다. 새카맣게 동자가 확장되어 있는 것이다. 정신 분열적인 증상들을 보이고 평소와는 다르게 전혀 다른 행동을 하는 경우도 있다.
  본인도 왜 그러는지 모른다.
  외부의식이 들어왔다가 몸에서 빠져나가더라도, 외부의식이 지나간 경로는 냉기로 찌들어 있다. 진단을 해보면 그 경로들이 나오는

데 외부의식이 어느 부위에서 얼마 동안 머물렀었는지를 알 수 있다.

그러면 그때그때 냉기를 치료해 주어야 한다.

냉기가 해소되지 않으면 간 비장의 균형도 깨어지게 되고 뇌 성장에도 장애가 된다. 심한 경우는 이 과정에서 자폐가 생긴다. 그래서 최대한 빨리 냉기를 제거해줘야 한다.

그런 아이들의 가장 두드러진 특징 중의 하나가 꼬리뼈가 차가워져 있다는 것이다. 꼬리뼈 끝을 손끝으로 짚어보면 얼음장처럼 차가운 아이들이 있다. 이런 아이들은 잠잘 때 외부의식이 접해진 것이다.

꼬리뼈에 쌓인 냉기는 그 자체가 또 다른 외부의식을 불러들일 수 있는 조건이 된다.

스스로의 인체 자기장[20]이 튼튼하면 외부의식이 들어오지 못한다. 하지만 꼬리뼈가 냉해져 있으면 자기장이 얇아져서 외부의식이 쉽게 들어올 수 있는 조건이 된다.

꼬리뼈에서부터 척추 라인을 전체적으로 훑어보면 냉기가 다른 부위보다 유난히 많이 나오는 자리가 있다.

그 부위에 따라서 외부의식이 지나간 장부를 진단할 수 있다.

그러려면 손 끝에서 기운을 느낄 수 있는 감각을 얻어야 한다. 그

---

20) 인체 자기장: 골수의 전자운동이 만들어내는 자기장. 백회로 표출되어서 회음으로 들어간다.

또한 알파파 영역 중 촉감의 혼의식[21]을 일깨워야 갖출 수 있는 면모이다.

그런 보살핌을 받는 아이들은 그야말로 큰 행운을 만난 것이다.

그런 역량을 갖고 있는 선생님을 배출해내는 것도 쉬운 일이 아니다.

외부의식이 들어왔을 때 몸 밖으로 빠져나가지 못하고 몸 안에 갇혀 있는 경우가 있다. 그렇게 되는 원인이 있다.

첫째는 간뇌에서부터 백회까지 피질척수로 영역이 차단되어 있기 때문이다.

둘째는 정도 이상으로 장부가 음화되어 있기 때문이다.

셋째는 습성이 같기 때문이다.

첫째의 경우는 신경 억제 물질이 과다하게 분비되었을 때 생긴다. 그때 신경 억제 물질이 해소되지 않고 백회와 간뇌 영역의 신경세포들을 지속해서 억제하게 되면 피질 척수로가 막히게 된다.

신경 억제 물질이 해소되지 못할 정도로 누적되는 경우는 외부적 상황에 억압되어 있는 경우이다.

---

21) 촉감의 혼의식: 감각을 통해 깨어나는 혼의식. 7식을 이루는 여섯 가지 의식 체계 중의 하나이다.

안돼! 하지마! 하는 소리를 반복적으로 듣게 되면 하고 싶은 데도 억제해야 하는 상황 때문에 신경 억제 물질이 과도하게 분비된다.

장부를 거쳐온 외부의식은 간뇌를 거쳐서 백회로 빠져나가야 한다. 그런데 간뇌와 백회 사이가 막혀있으면 다시 되돌아온다. 그때 음화 된 장부가 있으면 그 자리에 머물면서 몸을 해친다.

장부가 음화되어 있을 때 외부의식의 침해가 이루어지는 이유는 장부의 고유성이 훼손되어서 장부 자체의 저항력이 사라졌기 때문이다.

장부는 양기로 보호되고 있다. 장부가 음화되어 양기의 틀이 훼손되면 면역력도 저하되고 다른 의식에 침해를 받는다. 장부를 음화시키는 가장 큰 요인이 의식이 부정적으로 쓰여지는 것이다.

습성이 같아서 접해지는 외부의식은 대부분 가족이나 조상, 가까운 친지들이다. 그렇기 때문에 몸이 음화되어 있으면 언제라도 접해질 수 있는 조건이 된다. 어떤 경우라도 외부의식이 몸 안에 머무는 것은 좋지 않은 것이다. 그래서 몸 안에 들어온 외부의식은 그 즉시 분리해야 한다.

외부의식을 분리하려면 우선 피질 척수로를 열어 주어야 한다. 이렇게 하는 것은 외부의식이 빠져나갈 통로를 확보해 주면서 피질 척수로가 가진 기능을 살려주기 위해서다.

피질 척수로의 기능은 다양하다. 그중에 외부의식과 연관된 기능이 자기장 조절기능과 이질적 감각에 대한 거부적 성향이다. 백회에서 간뇌 영역이 막혀 있으면 자기장 조절 기능이 둔화된다. 인체 자기장은 골수의 전자운동으로 만들어진다. 척추의 골수에서 촉발된 전자의 운동이 백회로 빠져나와 회음으로 되돌아가면서 인체 자기장이 만들어지는데 이때 백회가 막혀 있으면 자기장의 활동이 둔화된다. 인체의 자기장을 조절하는 기능이 피질 척수로의 기능인데 피질 척수로 자체가 막혀 있으니 그 기능이 원활하게 이루어지지 못하는 것이다. 자기장은 선천기[22]의 막이다. 이것이 튼튼하면 처음부터 외부의식의 침해를 받지 않는다.

이질적 자극에 대한 거부적 성향은 육체라는 구조물에 갇혀 있는 '영'의 자기 보호적 본능이다. 영은 그 본능을 피질 척수로를 통해 실현한다. 피질 척수로를 활성화해서 외부의식을 분리하는 것은 이 원리를 활용한 것이다.

막힌 피질 척수로를 열어주는 여러 가지 기법이 있다.

그중에 한 가지만 소개해 보겠다.

손바닥에 기운을 모으고 그 손바닥으로 백회를 자극한다.

처음엔 백회에 손바닥을 올려놓고 백회의 느낌을 지켜본다.

그런 다음 손바닥을 천천히 들어 올려서 약 50cm 위에서 멈춘다. 그 상태에서 잠시 머물면서 백회와 손바닥이 연결되어 있는 느낌을 지켜본다. 느낌이 살아 있으면 천천히 손바닥을 회전시킨다. 백회를 중심에 놓고 천천히 회전시키는 것이다.

---

22) 선천기: 물질의 전자운동으로 인해 생성되는 에너지. 혼의 에너지라고도 부른다. 선천혼의 선천기, 유전혼의 선천기, 습득혼의 선천기가 있다.

그러다 보면 백회와 손바닥 사이에서 뻑뻑한 압력이 생긴다. 이 때에는 손바닥 돌리기를 멈추고 천천히 백회 쪽으로 손바닥을 밀고 내려온다.

그러다 보면 백회에서부터 뻑뻑한 압력이 밀려 올라온다. 그 압력을 느끼면서 백회에서 약 5센티 떨어진 부위에서 손바닥을 멈춘다. 그 상태를 잠시 지속하다가 천천히 손바닥을 들어올려서 50센티 부위에서 머문다. 이후에는 똑같은 동작을 반복한다. 약 20회쯤 해주면 된다. 이 과정에서 피질척수로의 기능은 살아나고 대부분의 외부의식은 분리 된다.

그다음엔 삼음교를 잡아줘서 간·비장의 균형을 회복시켜주면 된다.

외부의식이 몸 안에 들어있는 경우 그것을 분리해야 한다. 때에 따라서는 스스로 중심을 세우면서 저절로 분리되는 경우도 있다. 이응 발성을 하는 중간에 표출되어서 분리되는 경우가 그런 경우이다.

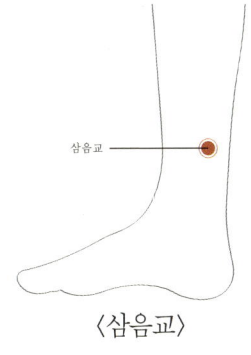

〈삼음교〉

아주 심한 경우는 외부의식이 분리되면서 발작을 일으키기도 한다.

아이들을 가르치면서 갑자기 그런 상황이 벌어지면 당황하게 된다. 그렇기 때문에 그런 부분에 대한 대처법을 알아야 한다. 왜 그런 현상이 일어났는지 원인을 알아야 하고 그런 상태를 개선해주고 잡아줄 수 있어야 한다.

외부의식이 갑자기 분리되어서 발작이 일어났을 때 그 상황을 다스리려면 지도하는 선생님의 마음이 흔들리지 말고 편안하고 아무렇지 않은 상태를 유지할 수 있어야 한다.

그렇게만 해도 발작이 해소된다.

어느 순간에 딱 멈춰진다.

만약 선생님마저도 마음이 흔들려서 당황하게 되면 그 발작이 멈추지 않는다. 거품 물고 쓰러질 때까지 계속되는 것이다.

단지 마음이 흔들리지 않았을 뿐인데 왜 발작이 멈추게 되는 것일까? 부족했던 생명성이 채워져서 온전해졌기 때문이다.

의식이 본성을 만났을 때 생명이 온전해진다.

의식이란 드러난 현상이다. 이 상황에서 드러난 현상은 발작이다. 그때 그 발작이 온전해지려면 본성을 만나야 한다. 하지만 발작을 일으키고 있는 본인은 본성을 인식할 겨를이 없다. 때문에 발작을 바라보고 있는 교사가 본성의 입장이 되어주어야 한다. 교사의 마음이 아무렇지 않고 흔들리지 않으면 그 상태가 본성의 상태다. 그래서 그걸 인식하는 순간 아이의 발작이 멈추게 된다.

한생명 안에서 교사는 본성이 되고 아이는 의식이 된다.

그래서 교사도 온전해지고 아이도 온전해 진다.

미친 듯이 펄쩍펄쩍 날뛰다가도 그걸 아무렇지 않게 본성으로 바라보면 그 순간 딱! 하고 멈춘다. 그런 기적을 보게 된다. 발작이 멈춘 다음에는 그 아이를 진단해서 간과 비장을 잡아주면 된다.

이때 간과 비장을 잡아주는 방법이 있다.

발목 안쪽의 복숭아뼈 위에 삼음교 자리를 찾은 다음 엄지손가락으로 삼음교 자리를 지긋하게 눌러준다. 이때 힘의 세기는 양쪽이 균등하도록 줘야 한다. 몇 번 이 과정을 반복하면 간 비장의 균형이 잡힌다.

다른 사람의 도움을 받지 않고 본인 스스로가 간 비장의 균형을 잡고자 할 때는 미음 발성과 비읍 발성을 하면 된다.

- 일치를 통해 접해지는 장애와 그것을 극복하는 방법

중심은 문과 같다. 내 본성을 들여다보는 문이면서 저 밖의 현상들이 나와 합일을 이룰 수 있는 통로이다.

알파파 상태에서는 다른 생명들과 무한 교류가 일어나기 때문에 번뇌도 많고 공포도 많다. 그래서 그런 장애를 극복하는 방법을 알아야 한다. 이때의 번뇌는 자기 업식이 표출되면서 생기기도 하고 일치를 이루는 과정에서 생기기도 한다.

중심을 통해 교류가 이루어질 때 올 수 있는 장애가 있다.

하나는 부정적인 것이 일치되었을 때 오는 장애이다.

상대가 짜증을 내는데 나도 짜증이 난다. 짜증이 일치된 것이다.
상대가 몸이 아픈데 아픈 것이 일치되면 나도 아프게 된다.
이런 것들이 상대가 가진 부정적인 것이 일치된 경우이다.
부정적인 것이 일치되었을 때 그것을 거부하지 않도록 해야 한다.
그런 일치가 일어났을 때는 이면으로 제도할 수 있도록 이끌어 줘야 한다.
그것을 애틋하게 느끼고 착하게 느껴서 상대가 가진 아픔을 스스로 어루만져 줄 수 있는 마음을 갖도록 해주는 것이다.
예의를 지키고 배려할 줄 아는 이런 마음들을 같이 키워줘야 한다. 어른의 경우도 마찬가지이다. 어른도 부정적인 일치로 인해 접해지는 현상들을 싫어한다.

처음 일치가 이루어졌을 때는 그것을 매우 신기해한다. 아이들은 금세 발전한다. 그것보다 재미있는 것이 없으니까 컴퓨터 오락은 거들떠보지도 않게 된다. 알파파 체계는 그냥 평범한 체계가 아니다. 그 자체가 마법이다. 중심을 세워주었다는 것은 마법으로 들어가는 문을 연 것이다.

중심을 통한 교류가 이루어질 때 생길 수 있는 또 하나의 장애는 이기심이 생겼을 때이다.
이때의 이기심이라는 것은 스스로 우월의식을 갖는 것이다.
중심으로 사는 사람은 잘난 사람이고 그렇지 않은 사람은 못난 사람이라 생각한다. 그런 인식이 생기지 않도록 하는 것이 중요하다.

그렇게 되면 사회를 융화의 대상으로 보지 못하고 때로는 적대시하게 되고 때로는 지배해야 할 대상이라고 생각한다. 절대로 그렇게 돼서는 안 된다. 이 부분에 대한 교육은 아주 철저하게 해줘야 한다.

일치될 때는 좋은 것만 되는 것이 아니다. 나쁜 것도 일치된다.

이는 습성에 따라 일어나는 일이다. 안 좋은 습성을 갖고 있으면 안 좋은 것이 일치되고 좋은 습성을 갖고 있으면 좋은 것이 일치된다. 마음이 착하면 착한 것이 증장되어 선신의 가호를 받게 되고 마음이 악하면 악한 것이 증장되어 악마의 유혹을 받게 된다.

나쁜 것이 일치될 때 괴로움이 생긴다.

일치를 이룰 때는 모난 부분이 항상 먼저 걸린다. 삐쭉 튀어나왔기 때문이다.

이런 장애에 빠지지 않으려면 베타파적인 습성들을 제도해줘야 한다.

그러기 위해 제시되는 것이 엄지발가락 운동과 중심보기를 통한 심상화이다.

재미있게 중심을 보면서 밖으로 치닫던 성향들이 다스려진다. 중심보기를 하면서 체험하는 환상적인 현상들이 아이들을 그 속으로 빠져들게 한다. 아이들이 그 재미를 알게 되면 컴퓨터나 게임에서도 멀어진다.

가장 단적인 예들이 무속인들의 경우이다.

이런 경우는 교감신경이 활성화된 상태에서 의식의 일치가 일어나기 때문에 장부균형이나 신경균형이 깨어져 있다.

이것이 장애로 작용한다.

중심이 없어도 알파파는 될 수 있지만 그런 경우에는 여러 가지 장애를 수반한다.

이미 알파파 세계를 체험 하는 애들이 많다. 신경의 확장이나 외부의식을 통해서 그런 세계와 접촉하는 것이다.

그런 애들한테 알파파 학습을 시켜보면 금방 따라온다.

그러면서도 장애로 말미암은 한계들을 갖고 있다.

그래서 기본교육이 충분하게 선행되어야 한다.

간과 비장의 균형을 잡아주고 기본적인 뼈 순화를 시켜주는 것이 알파파로 들어갈 수 있는 조건을 만들어주는 것이다. 그리고 그 상태에서 중심이 세워지도록 하면 무리 없이 알파파 학습에 적응할 수 있다.

중심분리를 이루고 나서 중심을 열고 닫을 줄 알면 알파파에서 생기는 장애가 극복된다.

이면에 의지를 집중하면 중심이 닫히고 표면에서 갈망을 일으키면 중심이 열린다.

선천기로 벽을 만들어도 중심이 닫힌다.

벽이 생겨나면 일치되던 현상들이 차단된다.

중심이 닫히면 혼의식이 전체적으로 발현되지 않는다. 때문에 중심이 닫히기 전에 혼의식의 발현이 최대한 이루어지도록 해야 한다. 그러려면 표면과 이면 사이를 오가면서 일치할 수 있는 역량을 극대화 시켜야 한다. 이런 상태가 되면 안, 이, 비, 설, 신, 의 전체가 7식으로 쓰이게 된다. 때에 따라서는 각각의 혼의식들을 분야별로 깨울 수 있는 집중적인 학습이 필요하다. 이때 제시되는 방편이 오장의 노래[23]이다.

알파파가 깊어져도 뇌의 영역별 순화나 신경 순화가 완전하게 이루어지진 않는다.

하지만 세타파 상태에서는 그런 한계가 없다. 뇌를 영역별로 순화해서 좌뇌와 우뇌의 균형을 맞춰주고 손상된 부분을 복구시켜주기 때문이다. 그래서 세타파 학습에서는 자폐증이나 뇌성마비, 과잉행동장애가 교정된다.

세타파 학습이 원활하게 이루어지기 위해서는 뇌의 영역에 대한 숙지, 뇌의 기능성에 대한 숙지, 신경전달체계와 신경억제체계에 대한 이해들이 선행되어야 한다.

세타파로 들어가는 것은 중심을 활용해서 들어가는 법이 있고 간뇌 영역을 집중적으로 자극해서 들어가는 법이 있다.

---

[23] 오장의 노래: 오장을 영역별로 자극해서 장부를 이루고 있는 각각의 주체의 식과 교류하기 위한 방편의 한 종류. 한글 문자원리를 통해 발성한다.

④ 알파파의 진보

- 중심분리

  그냥 사물을 보는 것과 지극한 마음으로 사물을 보는 것은 많은 차이가 있다.
  위대한 작가들은 지극한 마음으로 사물을 바라보는 눈이 있었다. 그래서 공감을 통해 인식한 현상들을 자기만의 예술적 감각으로 표현해 낼 수 있었다.
  인식의 방법에 따라 자기 내면에서 표출되는 정보의 성향이 달라지고 또 그것에 따라 표현의 깊이가 달라진다.
  중심을 세운다는 것은 일치를 이룰 수 있는 근거를 갖추는 것이고, 중심분리를 통해 이면을 확보한다는 것은 자기 내면의 정보를 최대한 표출시킬 수 있는 통로를 확보하는 것이다. 그 과정에서 외부에서 일치된 정보와 내면에서 표출된 정보가 서로 만나게 된다. 이것이 예술적 감성을 증장시키는 조건이 된다.
  알파파의 진보는 중심의 진보와 함께 이루어진다.
  중심의 진보는 중심을 분리하는 것으로 시작된다.
  중심을 분리하는 두 가지 방법이 있다.

- 첫 번째 중심분리법

1) 중심에 편안함이 세워진 이후에, 그 편안함에 입각해서 보고 듣고 느끼고 생각하고 말하고 냄새 맡고 호흡하도록 한다. 위빠사나와 같다. 다만 그것을 중심이 하도록 한다.

2) 편안함에 입각해서 의식을 활용할 때 의식이 현상에 이끌리지 않아서 아무렇지 않은 상태가 되도록 한다.

중심이 편안한 상태에서 본다. 보는 것이 보여지는 현상에 이끌리지 않아서 아무렇지 않다. 내 생각이 거기에 이끌리지 않는다. 편안하게 보고 아무렇지 않다.
아무렇지 않다는 것은 생각이 관여되지 않는다는 말이다.
보면 보는 것이지 생각이 거기에 관여되지 않는다. 생각으로 이러쿵 저러쿵 따지고 헤아리지 않는다.
편안함을 바탕에 놓고 보게 되면 생각이 아무렇지 않을 수 있다. 하지만 편안함이 없이 보게 되면 본능적으로 생각이 일어나게 된다.
눈, 귀, 코, 입, 몸 이것을 전오식이라 한다. 앞의 다섯 가지 의식이라는 뜻이다. 전오식은 항상 후육식을 낳는다. 후육식이 바로 생각이다. 전오식은 항상 생각으로 연결되어 있기 때문에 생각이 자동으로 일어나게 된다.
그런데 편안함에 입각해서 전오식이 쓰여지면 후육식과의 연계가 이루어지지 않는다. 그래서 전오식이 편안함을 의지하도록 하면 생각이 일어나지 않는다. 그 상태가 아무렇지 않은 상태이다.

의식에 이끌림이 없어서 아무렇지 않는 상태를 '무념'이라 한다.

각각의 뇌파 상태에 따라서 무념의 상태가 다르다.

베타파 상태의 무념은 현상을 놓고 의식이 끄달리지 않는 상태이다.

알파파 상태의 무념은 아무렇지 않은 것이 중심자리에서 이면으로 자리 잡은 상태이다.

세타파 상태의 무념은 신경억제물질의 생성으로 생각이 일어나는 경로 자체가 차단된 것이다. 세타파의 무념은 꼭 베타파나 알파파를 거치지 않아도 이룰 수 있다.

그 조건을 만들어주면 되기 때문이다.

3) 중심과 영대 라인 사이에서 이면을 확보한다.

즉 아무렇지 않은 상태가 중심의 뒤쪽에 세워지도록 한다.

중심자리는 명치 위 1cm 속으로 5cm 들어간 자리이다. 영대는 흉추 5번째 마디와 6번째 마디 사이이다. 그 두 기점을 직선으로 연결해서 중심을 표면으로 삼고 그 뒤쪽에 이면을 세워준다. 이렇게 되려면 편안하다는 것과 아무렇지 않다는 것에 대한 차이가 명확하게 구분되어야 한다. 그렇지 않으면 중심분리를 할 수가 없다. 1번과 2

번이 충실히 행해지면 편안함과 아무렇지 않은 것에 대한 구분이 명확해진다.

'욕심'이라는 말이 있다. 욕심이란 생각과 감정이 현상에 이끌렸다는 소리이다. 그래서 그 현상에 이끌리도록 자꾸 분위기를 조장하는 것을 욕이라 한다. 자꾸 생각으로 하여금 현상에 이끌려서 자신을 잃어버리도록 하는 것이 욕인 것이다.

4) 중극을 세운다.

편안함과 아무렇지 않음이 한자리를 이루게 되면 중심이 표면과 이면으로 나눠진다.
그렇게 되면 표면은 일치를 이루는 조건이 되고 이면은 제도의 주체가 된다. 평소에는 표면과 이면이 차이를 보이지 않다가 한계적 상황을 만나면 뚜렷하게 구분된다. 표면에서는 일치를 통한 변화가 일어나고 이면은 표면에 관여되지 않는 상태가 된다. 이 과정에서 일치의 대상이 되었던 현상과 표면이 제도 된다.
이때 이면에 의식을 집중하면 선천기가 표출된다. 장부에 있는 유전혼[24]의 선천기가 깨어나는 것이다. 이렇게 깨어난 선천기는 중심의 표면으로 제공된다. 중심의 표면이 선천기로 운용이 되면 일치하

---

24) 유전혼: DNA를 이루고 있는 물질입자.

는 능력이 비약적으로 향상된다. 그때가 되면 척척 달라붙듯이 일치가 이루어진다. 그렇게 되면 그 자체가 고통이 된다.

이 상태에서는 아픈 사람을 보면 똑같이 아프게 된다.

그러면 그 아픔을 제도해야 한다. 하지만 이때가 되면 이면으로도 제도 되지 않는 것들이 있다. 그때 필요한 것이 중극을 세우는 것이다. 중극 자리는 영대 앞쪽에 세워진다. 중심에서 영대를 열등분 했을 때 중심에서 '칠', 영대에서 '삼'이 되는 위치가 중극이다.

중극이 세워지면 중심의 이면이 표면으로 통합된다. 왜냐하면, 이면까지 표면의 상태에 물들었기 때문이다.

중극에서 표면을 지켜보면 이면으로 제도 되지 않았던 것들도 대부분 제도된다.

중극이 세워지고 중심분리가 심화되면서 고유진동수가 떨어진다. 그 과정에서 알파파가 진보된다.

5) 철벽을 이룬다.

중극이 세워지면 거기서부터 새로운 변화가 일어난다.

중심으로 일치되던 것들이 극대화되었다가 차단되는 현상이 벌어진다.

중심이 벽처럼 이루어지면서 일치되던 것들이 차단된다. 그때는 중심 자체를 벽을 바라보듯 하면서 그 상태를 유지한다. 이것을 벽관이라 한다. 벽관을 하다 보면 중심이 철벽처럼 튼튼해진다. 마치

두툼한 갑옷을 입은 것처럼 중심의 벽이 두터워진다. 그렇게 되면 어떤 상황에 처해도 흔들리지 않게 된다. 하지만 그 과정에서 일치되던 모든 현상들이 차단된다. 이 상태를 부동지에 들었다고 말한다.

6) 중심을 열고 닫는다.

철벽이 세워지기 이전에는 때로는 차단하고 때로는 일치하면서 중심을 열고 닫는 연습을 한다.
중극이 세워지기 전에는 의도하지 않아도 저절로 일치되는 경우가 있고, 그리움을 일으켜서 일치되는 경우도 있다. 이 때에는 열고 닫는 조절력이 부족한 상태이다. 습관이 같을 때는 무작위로 일치가 일어나서 그것이 고통이 되기도 한다. 그런 한계를 열고 닫는 것을 임의롭게 함으로써 벗어나는 것이다.

- 두 번째 중심분리법

1) 중심을 시각적으로 들여다본다.

중심자리를 어두운 동굴을 들여다보듯이 시각적으로 본다.
눈을 감고 마치 캄캄한 동굴을 정면에서 들여다보는 느낌으로 중심자리를 본다.
그저 어둠을 보는 것이다. 명치 위 1cm 속으로 5cm 들어간 그 자리에서 편안함을 느낀 다음 그곳을 깜깜하고 어두운 동굴을 보듯이 보는 것이다.

2) 어둠을 음미한다.

오로지 마음을 컴컴한 동굴에 둔다.
애써서 하지 말고 그냥 편안하게 들여다본다. 그러면서 그 어둠을 음미한다. 그냥 음미하는 것이 아니라 지극하게 음미한다. 그리고 그 어둠과 친숙해진다.
의외로 어둠을 음미하는 것이 쉽지 않다. 너무 빨리 밝아지거나 어둠 속에서 엉뚱한 업식들이 나타나기 때문이다. 그래서 어둠을 음미할 시간이 부족하다. 어둠을 음미하다 보면 그때 생겨나는 것이 외로움과 심심함이다.
때로는 어둠이 두렵게 느껴지기도 한다. 그런 현상에 대해 아무렇지 않은 마음을 갖는 것이 필요하다. 때로는 적막함과 외로움 두려움을 같이 느껴보는 시간이 필요하다. 그런 과정에서 쌓아지는 근기들이 나중에 본성이 드러났을 때 그것과 쉽게 친해질 수 있는 조건을 만든다. 본성을 인식하는 것은 쉬운 일이 아니다.
그리고 그것을 지속해서 지켜가는 것은 더욱더 힘들다. 근기가 갖춰지지 않으면 아예 본성을 인식하지도 못한다.
설령 어쩌다가 본성이 드러났어도 그것이 본성인 줄도 모른다. 그래서 본성을 인식할 수 있는 근기를 갖추는 것이 매우 중요하다. 본성은 자기를 다스리고 상대를 다스리고 경계를 다스릴 수 있는 척도가 된다. 본성이 갖춰져야 비로소 일할 수 있는 조건이 갖추진 것이다. 본성이 드러났을 때 그것을 심심하지 않게 보려면 먼저 어둠과 친숙해져야 한다.

캄캄한 방에 누워서 중심에 마음을 두고 그 어둠을 음미해보는 시간들을 짬짬이 가져야 한다. 그리고 그때 일어나는 업식들을 아무렇지 않게 들여다볼 수 있도록 스스로의 근기를 키워야 한다. 그 과정에서 지극함이 생기고, 일치를 이룰 수 있는 역량과 안팎을 제도할 수 있는 능력이 생긴다.

3) 드러나는 업식에 관여되지 않는다.

중심을 들여다볼 때 어둠과 함께 드러나는 업식이 있다.
어떤 업식이 드러나도 그것에 끄달리지 말아야 한다.
그러면 어떤 마장[25]이 와도 굴복하지 않게 된다.
알파파 상태에서는 학습력도 증진되고 수행력도 향상되지만 상대적으로 마장도 커진다. 때로는 외부의식이 유혹하기도 하고 현실적으로도 칭찬과 비방 등 가지각색으로 장애가 생겨난다.
때로는 '너는 부처의 화신이다'라는 목소리가 들리기도 하고 '관세음의 화신'이라는 등 이상한 소리도 들린다. 그럴 때일수록 아

---

25) 마장: 공부 중에 다가오는 여러 가지 장애

무렇지 않은 마음을 지켜가야 한다. 그렇지 않으면 그 현상에 빠져서 본분을 망각한다.

또 여러 가지 능력들이 함께 생긴다. 그러면 진짜로 스스로가 관세음의 화신이라고 착각하게 된다. 그러다 갑자기 그런 능력들이 사라진다. 그리고 나면 몸은 이미 병들어 있다.

그런 능력들은 외부의식이 가져다주는 것이다.

중심으로 사람을 볼 때는 그 자체가 지극함이 갖추어진 상태다. 그래서 아이들도 그 분위기에 동화되어서 같이 안정된다. 생명은 안정된 곳으로 향하고자 하는 본능이 있다. 생명은 본성에서 비롯되었기 때문이다.

아이들이 그런 느낌에 익숙해지도록 훈련을 시켜주는 것도 중요하다.

초등학교 6년 과정이면 깨달아서 나올 수 있다. 6년간 그렇게 교육한다면 누구나 다 본성을 보게 된다. 그 아이들이 세상의 주역이 될 때 세상이 바뀐다.

30년이면 된다. 한 살짜리를 가르쳐도 30년이면 그 결과를 볼 수 있다.

충분한 시간 동안 어둠을 음미하다가 빛이 인식되거나 업식이 드러날 때 그것에 관여되지 않는 자리를 인식해서 중심분리를 이룬다. 어둠을 관하면서 드러나는 현상들을 분석해 보면 그 사람의 업식적 성향이 어떠한가를 알게 된다.

아이 같은 경우 업식의 성향을 알게 되면 어떤 방향으로 이끌어서 성품을 순화시켜줘야 할지 그 방법을 알 수 있다.

중심보기를 하면서 인식한 것들을 일기로 쓰게 하면 아이의 성향을 아는 것이 훨씬 더 수월해진다.

이것을 음악이나 미술이나 예능 쪽으로 쓰게 되면 거기에서 전혀 다른 표현들이 나오게 된다.

일상을 벗어난 창의적 발상들이 그 과정에서 생겨난다. 이것은 그냥 상상이 아니고 자신에게 있는 것을 표현하는 것이다. 그래서 훨씬 더 정교하고 세심한 표현들이 나온다.

중심분리는 충분한 시간을 통해서 익숙하게 숙달시켜야 한다. 중심에서 어둠을 느끼고 어둠과 친숙해지도록 충분한 시간을 가지게 하고, 이면에서 밝음이 일어나면 그 밝음을 충분히 음미하게 해서 혼의식이 폭넓게 발현되도록 해주어야 한다.

혼의식이 충분히 발현되지 못한 사람은 이면의 어둠을 충분한 시간 동안 음미하도록 유도해서 그 어둠을 아무렇지 않게 바라볼 수 있는 근기를 키워주어야 한다.

그런 다음에 거기에서 빛이 드러나고 업식이 드러나고 하는 과정을 충분히 거치도록 해야 한다. 그리고 그 업식에 관여되지 않는 자리를 확보해서 스스로의 업식을 제도하는 법을 체득해야 중심분리가 완전해진다.

- 중심으로 사랑하기

　사랑이란 누군가를 갈망하는 것이다.
　그리움과 갈망으로 스스로를 채우는 것, 그것이 바로 사랑이다. 사랑하는 사람은 아름답다.
　무엇을 사랑의 대상으로 삼느냐에 따라 사랑의 가치가 달라진다. 때로는 사랑을 통해 자신이 협소해지기도 하고 큰 생명으로 승화되기도 한다. 누구나 승화된 사랑을 원할 것이다. 하지만 그 방법을 모른다. 자기 존재목적을 향상시켜가면서 승화된 사랑을 하는 방법이 있다.

　첫째는,
　자기중심 사랑하기이다.
　이것은 중심을 세워서 중심의 편안함을 사랑하는 것이다.
　마치 닭이 알을 품듯이 자기중심을 품는다.
　중심을 편안하게 하고 자신이 가장 좋아하는 것을 중심에 심어놓는다.
　그런 다음 그 자체를 그리워하고 갈망한다.
　그것이 중심 사랑하기이다.

　둘째는,
　상대 사랑하기이다.

상대를 중심에 담아 상대의 느낌을 음미하고 그리워한다.
식물이나 동물도 중심에 담아보고 그 느낌을 음미한다.

셋째는,
주변 사랑하기이다.
주변 사랑하기는 여러 단계로 나뉘어 있다.
주변 사랑하기의 첫 번째 단계는 가족 사랑하기이다. 엄마, 아빠, 동생들을 한 사람씩 중심에 담아보고 그 느낌을 음미한다. 또 가족 전체를 한꺼번에 중심에 담아 가족에 대한 느낌을 음미한다. 생명의 따뜻함을 중심에서 느껴본다.

주변 사랑하기의 두 번째는 어느 지역이나 집단을 이미지화시켜서 그것을 중심에 담아보는 것이다.
예를 들면 영양군을 중심에 담아 느껴볼 수도 있고 학교 전체를 중심에 담아 느껴볼 수도 있다.
그렇게 했을 때 중심이 편안할 수도 있고 불편할 수도 있다. 편안하면 그것을 음미의 대상으로 삼으면 되지만 불편하면 그것을 제도해줘야 한다. 불편한 것은 뭔가 안 좋은 과보가 있는 것이다. 중심의 이면으로 불편한 느낌을 비추면서 그것에 관여되지 않으면 어느 때부터 불편함이 사라진다. 그렇게 되면 주변이 갖고 있는 과보가 제도 된 것이다.

주변 사랑하기의 세 번째는 민족 사랑하기이다.

민족 전체를 이미지화시켜서 중심에 담는다.

그리고 그 느낌을 살펴본다. 이때에도 불편한 것이 느껴질 수 있다. 마찬가지로 이면으로 제도한다. 하지만 아무리 이면으로 비추어 보아도 불편한 것이 사라지지 않는 경우가 있다. 그럴 때는 이면을 확장시키면서 불편함을 비춰본다. 중심에서 중극 쪽으로 의지를 전이시켜 가면서 표면에 관여되지 않는 자리를 확보해 가는 것이 이면을 확장시키는 것이다.

이면의 확장은 중극을 자극하고 본성을 인식하면서 완성된다. 때에 따라서는 아무리 노력해도 표면의 상태가 다스려지지 않는 경우도 있다. 이런 경우는 스스로가 그 상황을 제도할 수 있는 역량을 갖추지 못한 것이다. 그런 상황에서는 중심을 진보시키면서 자기 능력을 배양해야 한다. 본성으로 비추어도 제도 되지 않는 대상과는 사랑을 나눌 수 없다. 민족의 아픔을 씻어 주고 싶어도 그렇게 할 수 없다면 민족에게 사랑을 줄 수가 없는 것이다. 때문에 큰 사랑을 하려면 그것을 담을 수 있는 큰 그릇을 갖추어야 한다.

주변 사랑하기의 네 번째는 나라 사랑하기이다.

나라 사랑하기의 시작은 국민을 사랑하는 것이다.

백성을 사랑하라는 말이 있다.

이 말이 참 어려운 말이다.

백성을 사랑하려면 백성을 인식의 대상으로 삼아야 한다.

그것은 상상만으로는 이루어지지 않는다.

그러기 위해 쓰이는 것이 중심이다.

백성과 내 중심을 일치시켜서 그 생명성을 느껴본다.

그러면서 공감하고 공유한다. 아픔이 느껴지면 아픔을 공감하고 기쁨이 느껴지면 기쁨을 공유한다. 때때로 이면을 통해서 제도하고 씻어준다. 그 과정에서 백성에 대한 그리움이 깊어지고 애틋함이 키워진다.

그런 마음이 어머니의 마음이다. 국가의 지도자가 되려면 그런 마음으로 백성을 바라볼 줄 알아야 한다.

지역이나 집단을 중심으로 담을 수 있는 사람은 그 집단의 지도자가 될 수 있다.

마찬가지로 민족을 중심으로 느낄 수 있어야 그 민족을 이끌어 갈 수 있는 지도자가 될 수 있는 것이다.

자기 존재목적을 실현하기 위해서는 먼저 교류할 수 있는 범주를 확보해야 한다. 집단과 교류할 수 있는 사람은 그 집단 속에서 존재목적을 실현할 수 있고 민족과 교류할 수 있는 사람은 민족 속에서 존재목적을 실현할 수 있다.

중심을 통해서 민족과 교류할 수 있는 사람은 그 민족을 위해서 희생했던 모든 신명들의 호응을 받는다.

가슴으로 민족을 느낄 줄 아는 지도자, 그런 지도자를 양성해 낼 수 있는 교육 체계가 필요하다. 민족을 중심에 담아보면 그 민족의 장래를 알 수 있다.

IMF 전에 있었던 일이다.

아침에 눈을 뜨면 이상하게 불안했다.

나 스스로는 불안할 이유가 없었다. 그래서 그 불안함을 중심에다 비추어 보았다. 가족을 비춰보고 사찰을 비춰보고 영양군을 비춰보고 우리나라를 비춰 보았다. 그랬더니 나라를 비출 때 불안함이 생겨났다. 이거 큰일이다 싶어서 틈나는 대로 앉아서 본성으로 씻어 주었다. 하지만 아무리 노력해도 불안함이 가시지 않았다. 내 능력으로는 제도할 수 없는 일이 생기는 것이다. 그렇게 되자 마음이 조급해졌다. 혹시 북한하고 전쟁이 일어나나 싶어서 그 설정으로 비춰 보았지만, 그 상태에서는 편안했다. 나라에 환란이 생기지만 전쟁이 일어나지는 않는 것이다. 그 당시는 금융이 국가적 위기를 불러올 것이라고는 생각지도 못했다. 그래서 다른 사람의 의견을 들어보려고 무작정 집을 나섰다. 하지만 어디서도 시원한 대답을 듣지 못했다. 어떤 사람을 만나니 제사만 잘 지내면 된다고 했다. 자기가 이미 우리 민족을 위해 천지 공사를 다 해놓았다는 것이다. 그래서 조상한테 제사만 잘 지내면 환란이 저절로 해소된다는 것이다. 그 소리를 듣고 실망만 생겼다.

집으로 돌아와서 틈나는 대로 나라를 중심에 담아 씻어 주었다.

하지만 결국에 IMF가 터졌다. 그때만큼 정치인들을 원망해 본 적이 없다.

주변 사랑하기의 다섯 번째는 시대 사랑하기이다.

그 또한 중심을 활용해야 한다. 국가나 민족을 사랑할 줄 알면 그

연장선상에서 시대 사랑이 이루어진다. 다만 시대를 담을 만큼 확장된 중심을 갖고 있는가 하는 점이 다를 뿐이다.

시대나 민족을 사랑하려면 어렸을 때부터 그런 자질을 키워줘야 한다.

어렸을 때는 누구나 다 비슷하다. 무엇을 심어주느냐에 따라 그릇이 달라지는 것이다.

자기중심 안에 좀 더 큰 생명을 담을 수 있도록 중심을 확장시켜 가야한다.

민족을 담고 시대를 담게 되면 가슴에서부터 큰 기쁨이 일어난다. 여러 생명이 갖고 있는 다채로운 감성들이 공유되기 때문이다.

혼자만의 노력으로 한 생 동안 갖출 수 있는 감성은 한계가 있다. 하지만 시대를 중심에 담게 되면 수천수만 생을 살아도 갖출 수 없는 감성을 한꺼번에 갖추게 된다.

자식을 바라보듯이 애틋한 마음으로 민족과 시대를 바라본다.

그 애틋함을 중심에다 놓고 민족과 시대를 그리워 할 수 있다면 나는 그들을 사랑하는 것이다.

3. 세타파

① 세타파 학습법

뇌파적 관점의 세타파는 4에서 8헤르쯔 이다.
의식 상태는 반 무의식 상태이다.
그러면서도 본성과 심식의가 공존하는 상태이다.
다른 표현으로 하면 무상과 유상이 공존한다는 말이다.
흔히 얘기하는 비몽사몽 한 상태가 세타파 상태이다.
인간이 의식과 감정과 의지를 갖춘 상태에서 도달할 수 있는 가장 안정된 상태이다.
세타파보다 안정된 델타파가 있는데 이 상태에서는 의식 작용이 끊어진다.
보통 사람이 델타파에 들어가면 인식이 끊긴다. 반면에 무상을 지켜볼 수 있는 각성을 갖춘 사람은 델타파의 상태에서도 자기를 지켜볼 수 있다. 델타파 상태는 깊은 숙면의 상태이다.
세타파의 고유진동수는 8에서 14 진동이다.
이 상태에서는 영의식이 주체의식이다.
8 진동 이하는 영의 상태도 벗어난다. 이 상태는 개체식이 아니다. 본성과 심식의가 분리된 상태이기 때문이다.

8 진동 이하는 본성과 각성과 밝은 성품만 있다.

세타파에 들어가기 위한 조건이 있다.
첫째는 온전한 알파파가 갖추어져야 한다.
이는 중심을 세우고, 진보시키고, 활용하면서 갖춰진다.
두 번째는 중추신경의 영역별 순화가 이루어져야 한다.
이는 자음 발성을 통해서 갖춰진다.
세 번째는 말초신경이 순화되어야 한다.
이는 엄지발가락 운동을 통해서 갖춰진다.
엄지발가락 운동은 적핵 척수로 운동이다. 이는 중추신경과 말초신경을 통합적으로 순화하는 방법이다. 그 결과로 의식과 세포가 원활하게 교류할 수 있는 조건이 만들어진다.
베타파 학습에서는 장부균형을 잡는데 쓰였지만 원래는 말초신경과 중추신경을 순화하는 기법이다.
유상과 무상이 공존하는 세타파상태가 지속되려면 알파파 상태에서 이면을 인식하는 것이 돈독해야 한다.
세타파는 자음 발성을 통해 들어간다. 그때 각성이 없으면 잠에 떨어진다. 그렇게 되면 중추신경을 순화할 수 없게 된다.
자음 발성을 통해서 직접 대뇌 변연계를 자극하면 세타파 상태가 된다.
한글 자음의 기역, 니은, 이응, 지읒, 키읔, 티읕, 피읖, 히읗 발성법들은 뇌를 영역별로 순화해서 초기 세타파로 들어가는 방법이다.

알파파 학습법은 중심을 세워서 장부 순화를 하고 단계적으로 중심을 진보시키면서 세타파로 들어가는 체계로 되어 있다. 한글체계는 처음에 이응 발성으로 중심을 세운 후 각각의 자음 발성을 통해 해당 말초신경과 장부를 순화한다. 그 다음에 중극 이응을 통해서 중심을 진보시키고 나머지 자음 발성을 통해 세타파에 들어간다. 발성을 통해 대뇌변연계를 자극하게 되면 기역 발성만으로도 세타파에 들어갈 수 있고 니은 발성만으로도 세타파에 들어갈 수 있다. 나중에 숙달되면 리을, 미음, 비읍 등 모든 자음을 통해 세타파에 들어간다.

 한글 발성을 제대로 하려면 뇌의 구조에 대한 기본적인 지식을 갖추어야 한다. 그래야만 의도하는 부위로 발성을 이끌어서 중추신경을 효율적으로 자극해 줄 수 있다.

 혀를 부위별로 자극해서 중추신경의 서로 다른 영역을 자극하는 기법이 한글 자음 발성법이다.

 12개의 뇌 신경 중에서 미주신경과 부신경은 장부로 들어가고 나머지 10개는 얼굴에 분포되어 있다. 특히 교뇌와 연수에서 시작되는 대부분의 뇌 신경이 발성 중추와 밀접하게 연관되어 있다.

 자음 발성을 통해서 세타파에 들어가기 위해서는 간뇌와 대뇌 변연계를 자극해야 한다. 이때 활용되는 것이 삼차신경과 안면신경이다.

 삼차신경과 안면신경은 교뇌에서 시작되는 신경이다. 그중 삼차신경은 네 개의 신경핵을 갖고 있으면서 이빨, 턱, 눈 주위를 관장하고 꼬리뼈의 부교감신경까지 관장한다. 혀의 떨림으로 이빨이나 턱을 자극하면 삼차신경이 자극되면서 교뇌가 자극된다. 교뇌는 소뇌와 간뇌 대뇌를 연결하는 다리이다. 때문에 교뇌가 자극되면 그 부위에 중추신경이 전체적으로 자극 된다.

특히 간뇌와 해마체가 집중적으로 자극된다.

뇌파가 세타파로 들어가는 것은 해마체가 자극받을 때이다.

세타파 상태에서는 학습 효과가 최소한 네 배로 증진된다.

발성의 진동을 통해 해마를 자극하면 해마를 이루고 있는 신경세포들이 문을 열게 된다.

이것은 뇌세포들이 정보를 유입해 들이는 습성을 활용한 것이다.

뇌가 하나의 생명이듯이 뇌세포 또한 하나의 생명이다. 생명이란 본성과 의식구조와 존재목적으로 이루어진 존재이다. 그렇듯이 뇌세포 또한 본성과 의식, 존재목적을 갖고 있다.

뇌세포가 가진 본성은 세포의 틀을 유지하는 것이다. 하나하나의 뇌세포는 그와 같은 본성을 갖고 있다.

그런 본성이 양분을 섭취하고자 하는 성향으로 드러난다.

뇌세포의 의식은 스스로 즐기고자 하는 성향을 갖고 있다. 이는 물질의 근본이 밝은 성품이기 때문에 비롯된 습성이다. 뇌는 눈, 귀, 코, 입, 몸, 생각을 유희적 도구로 활용한다.

뇌세포의 존재목적은 자기 가치를 실현하는 것이다. 이는 스스로를 표현하고자 하는 성향으로 드러난다.

뇌세포가 지나치게 본성에 치중해도 좋지 않고 의식이나 존재목적에 치중해도 좋지 않다. 너무 많은 음식을 먹는다거나 너무 놀려고 하는데 치중한다거나 너무 자기를 표현하려고 하는데 치중하면 결국엔 세포적 틀이 망가지기 때문이다.

너무 많이 먹어도 영양 불균형이 생겨서 세포의 틀이 깨진다.

필요 이상의 양분을 섭취하면 오히려 영양공급이 잘 이루어지지 않는다. 혈관이 막히고 간과 비장을 너무 혹사하면 면역성이나 인체 구조물이 약해진다.

놀려고 하는 본능은 도파민 추구본능이다.

그것을 충족시키기 위해 자꾸 재미있는 현상을 찾아 헤매게 된다.

변화되는 현상에 대한 재미가 지속해서 도파민을 분비시킨다. 그렇게 되면 세포는 기쁨에 빠지게 된다.

좋은 것에 빠져 있으면 외부에서 오는 적을 방어할 수 없다.

기쁨에 빠져 있는 동안 몸의 한쪽에서는 바이러스나 세균들의 공격때문에 죽어가고 있는 것이다.

결국엔 뇌세포를 지켜주던 보호막들이 다 사라진다.

마약 먹고 취해 있는 것과 같다. 결국엔 자기가 죽는다.

뇌세포가 자기를 표현한다는 것은 몸을 이루고 있는 다른 세포들에게 자기 의도를 전달하는 것이다. 그런데 이 과정에서 자꾸 오류가 생긴다. 그러면 몸을 이루는 다른 세포들이 뇌세포의 의도를 읽어낼 수가 없다. 결국엔 소통을 포기해 버린다. 고립되는 것이다. 그 결과로 하부에서 올라오는 정보들이 차단되어 버린다.

표현하는 데만 열중하면 교감신경의 기능은 계속 항진되고 부교감신경의 기능은 저하된다. 그렇게 되면 항상 아드레날린이 넘쳐나게 되어서 감정이 격앙되어 있다.

뇌는 수많은 뇌세포들의 연합체다.

의식은 수많은 세포들이 갖고 있는 정보들이 서로 연계돼서 만들어내는 공통의 표현이다.

그러니 세포 간의 정보 전달이 차단되면 생명 자체의 의식활동도 끊기게 되는 것이다.

마찬가지로 우리가 심식의에 너무 치중해서 본성을 저버리게 되면 그 결과로 병이 생긴다. 세포와 같은 구조로 되어 있다.

의식과 본성은 그렇게 상반된 성향을 갖고 있다. 그래서 의식이 지나치게 쓰이면 본성이 훼손된다. 의식이 지나치면 탐심이요, 감정이 지나치면 진심이며, 의지가 지나치면 치심이다. 그것을 삼독심이라 한다.

세포가 갖고 있는 의식도 그것이 지나치면 본성을 저해한다. 그렇지 않게 만들어야 한다.

세포가 문을 여는 것은 스스로의 욕구를 충족시키기 위해서이다.

뇌세포가 재미를 느낄 수 있는 상황을 연출해서 학습효과를 극대화 시킨다

뇌세포는 변화되는 현상을 접하면서 재미를 느낀다.

그 상태에서 해마체와 편도체가 같이 반응한다.

의도적으로 신경을 억제했다가 풀어주는 것도 변화를 주는 것이

다.

호흡을 통해 신경세포를 억제시킨다. 그리고 발성을 통해 신경을 풀어준다.

두정부 피질을 자극하면서 간뇌까지 호흡을 빨아들인다. 그 과정에서 신경 억제 물질이 분비되어, 신경 전달이 차단된다.

그런 다음 발성을 통해 간뇌와 망상체 영역을 자극한다. 그때 신경 전달 물질이 분비된다. 그 과정에서 뇌세포가 즐거워한다. 그 상태에서 학습이 이루어지면 그 효과가 극대화된다. 그때 영어 단어를 보게 되면 '어이구 반가워' 하면서 쏙 하고 집어삼키는 것이다. 뇌세포는 단순하다. 이기적이고 단순해서 얼마든지 그 습성을 다스릴 수 있다. 나아가서는 원하는 성향으로 길들일 수도 있다.

뇌세포들은 스스로를 독립적인 생명이라고 생각한다. 그래서 제각기 지배영역을 갖고 있다.

세포는 분자구조물로 이루어진 퍼즐이다. 몸 또한 마찬가지이다. 하나하나의 세포로 이루어진 퍼즐이다.

세포는 자기를 이루고 있는 분자구조를 유지하고자 하는 본능이 있다. 그것이 바로 유전적 형질이다.

② 세포는 불성이 없다

세포에는 불성이 없다.
세포를 연합해서 움직이는 것은 영성이다.
영성이 혼성을 움직여서 세포성을 지배한다.
영성에는 본성이 있다.
하지만 세포에는 본성이 없다. 영혼에서 주입된 심식의의 정보가 있을 뿐이다.
분자 구조물에 영혼의 정보가 기록되어 세포성이 된다. 그래서 물질이면서도 다른 물질과 구분이 된다. 세포 이외의 물질에는 영혼의 정보가 없다.
세포의 주체 의식은 혼성이다.
그렇기 때문에 몸에 집착하면 본성을 잃어버린다. 또 심식의에 집착해도 본성을 잃어버린다. 각각의 심식의는 본성이 없다. 몸도 마찬가지이다.
심식의는 본성에서 나왔지만, 그 자체로는 본성이 없다.
마치 햇빛이 해에서 나왔으면서도 햇빛 속에는 해가 없는 것과 같다.

③ 무념과 세타파

중심을 세워서 중황을 자극하면 간뇌에서 척수까지 내장되었던 무의식이 자극된다. 이 상태에서 무념이 갖춰지면 세타파에 들어간다.

각성이 없는 상태에서 무념에 들어가면 의식이 끊긴다. 그런 경우를 델타파에 들어갔다 말한다.

세타파 상태에서 델타파로 들어가는 순간 정신을 잃어버리고 숙면에 들어가는 것이다.

수행의 궁극적 목표는 델타파 상태에서도 각성이 유지되도록 하는 것이다. 그러기 위해서는 세타파 상태에서 무념을 지속시켜 갈 수 있는 각성을 키워야 한다. 그래야 델타파에 들어가도 의식이 끊어지지 않는다.

세타파 상태는 유상과 무상이 공존하는 상태이다. 그래서 그 상태에서 무상에 대한 인식력을 키워서 델타파 상태에서도 각성이 유지될 수 있는 근기를 만든다.

잠을 자고 나면 정신이 맑아진다. 생각도 잘나고 외우기도 잘된다. 델타파에 들어가서 신경세포들이 억제되었다가 다시 풀어지기 때문에 그런 것이다. 새벽에 공부가 잘되는 이유가 거기에 있다.

그 효과를 일상 상태에서 만들어준다. 그저 숨 한번 들이쉰 뒤에 기역 발성을 하는 것만으로도 그 상태에 들어가게 만들어 주는 것이다.

세타파에 들어가는 방법을 모르면 깨달음도 얻을 수 없고 최상의 학습조건도 갖출 수 없다.

깊은 명상을 하려면 알파파와 세타파 사이를 익숙하게 넘나들 수 있어야한다.

그러려면 중심과 중극을 활용해서 단계적으로 중심을 진보시킬 수 있어야 하고 간뇌를 중심으로 해서 편도체와 해마체 그리고 뇌하수체와 송과체를 도넛츠 모양의 띠로 연결해서 그 상태를 지속해 갈 수 있어야 한다. 이 방법을 모른다면 아무리 노력해도 세타파 상태에 들 수 없다.

④ 도넛츠 만들기

간뇌를 자극하면서 간뇌 주변의 시상하부와 대뇌 변연계를 도넛츠 형태의 띠로 연결해서 인식한다.

이렇게 간뇌를 중심으로 도넛츠 영역을 확보하면 이때 도넛츠는 무심이 되고 도넛츠의 중심부는 무념이 되고 앞쪽의 전두동 영역은 밝은 성품이 되어서 그 자체가 머릿골 속에서 긴어를 이루는 조건이 된다.

⑤ 기억 발성으로 도넛츠 만들기

한글 자음 수련을 익숙하게 익히면 세타파로 들어가는 것이 간단해진다. 기억 발성만으로도 도넛츠를 인식할 수 있다. 그러나 장부순화가 원활하게 이루어지지 않았으면 그 과정에서 두통이 생길 수도 있다. 자신의 발성을 통해 해마영역을 자극해서 세타파에 들어가면 중추신경에 무리를 주지 않고 뇌파를 임의대로 조절할 수 있다. 처음 수행하는 사람이 장부순화와 신경 순화를 거쳐서 원활하게 알파파와 세타파에 들어갈 수 있도록 도넛츠 학습법이 만들어졌다. 자음원리에서는 뇌를 영역별로 자극하면서 세타파에 들어가는 방법이 제시된다.

세타파에 들어가서 무상과 유상을 동시에 인식할 수 있게 되면 무의식에 내재된 정보들이 표면의식으로 표출되는 과정과 표면의식의 정보가 무의식에 저장되는 과정을 지켜볼 수 있게 된다. 때문에 세타파 상태에서는 아주 세밀한 업식도 보게 된다. 정보가 들어 올 때도 마찬가지이다. 통합적이면서도 세심하게 인식한다.

세타파 상태에서는 좌뇌·우뇌는 물론이고 편도체와 해마체를 통합적으로 쓸 수 있다. 따라서 세타파에서의 학습효과는 상상을 초월한다. 통째로 집어넣고 하나씩 나누어서 꺼내 쓸 수 있다. 세타파 상태에서 접한 것은 일일이 기억하려 하지 않아도 저절로 기억된다.

알파파 상태에서는 인과가 작용한다. 자신의 업식과 유사한 정보는 기억되지만 그렇지 않은 정보는 걸러진다. 의지로 선택하는 것이 아니라 업식의 성향대로 맞고 안 맞는 것이 정해진다. 그러나 세타파 상태에서는 이러한 구분도 없어진다.

익숙하게 도넛츠 영역을 인식할 수 있는 사람은 어떤 자음을 통해서든 세타파에 들어갈 수 있다. 한글 자음원리를 활용하면 아이들로 하여금 세타파 상태에 수월하게 들어가도록 할 수 있고 그 상태에서 학습이 이루어지게 할 수 있다. 물론 가르치는 사람의 역량과 배우는 사람의 근기에 따라 배움의 결과는 달라질 수 있다. 배우는 사람의 근기를 향상시키려면 베타파와 알파파를 거쳐서 세타파로 들어가게 하면 된다.

세타파 상태가 익숙해지면 세타파를 쓰는 법을 가르쳐야 한다.
세타파를 쓴다는 것은 곧 세타파 상태에서 사유할 줄 아는 것을 말한다. 아이들은 세타파에 쉽게 들어간다. 발성 하면서 어디를 어떻게 인식하라고 하면 곧바로 된다. 다만 그러기 전에 자음 수련을 통해 장부순화가 충분히 이루어지도록 해야 한다.
나중에는 세타파 상태에서 계산하고 생각하고 표현할 수 있도록 가르쳐야 한다. 그러기 위해서는 가르치는 사람이 먼저 그런 역량을 갖추어야 한다.
아이들의 몸과 의식을 효율적으로 통제하면서 가르치려면 자기 고유진동수를 임의대로 조절할 수 있어야 하고 자신이 세타파에 든 상태에서 심상화를 할 수 있어야 한다.

이 부분이 매우 중요하다.

교사가 세타파에 들어가서 안정된 에너지를 공간에 펼치고 그 이후에 가르침이 이루어지면 배우는 사람의 몸과 의식을 통제할 수 있게 된다.

세타파 학습을 배운 아이가 자신의 삶을 마음껏 펼칠 수 있도록 이끌어 줘야 한다.

세타파 학습을 지도할 수 있는 교사를 양성해 내는 것이 시급하다.
그런 선생님을 만나는 것이 쉬운 일이 아니다.
거기에다 철학과 사상기반이 제대로 갖추어진 선생님이라면 더할 나위 없이 좋다.

아이들의 감각은 탁월하다. 때문에 도텃츠를 인식하는 것도 쉽게 이루어지고 학습 효과도 금방 나타난다.

처음부터 도넛츠 영역을 직접 자극하는 것이 쉽지 않다. 그래서 단계적으로 도넛츠를 자극한다.

기역 발성으로 도넛츠를 인식하는 순서를 요약해 본다.
1) 턱떨림을 느낀다.
2) 뒤통수 떨림을 느낀다.
3) 간뇌 울림을 느낀다.
4) 도넛츠가 자극되는 것을 느낀다.

혀를 아랫니 뒤쪽에 살포시 댄다. 그런 다음 기~~하고 길게 발성한다.

우선 턱이 떨리는 것을 느껴본다.

그다음엔 뒤통수 울림을 느껴본다.

뒤통수가 울리면서 의식이 몽롱해지면 좋다.

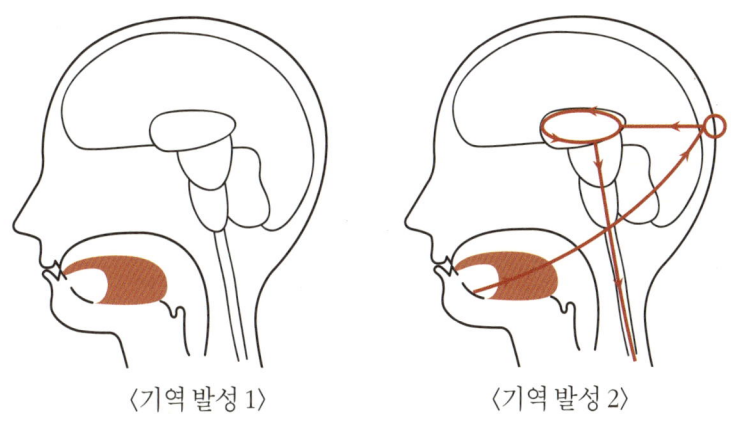

〈기역 발성 1〉　　　　〈기역 발성 2〉

뒤통수에서 가장 많이 튀어나온 부분이 옥침이다. 옥침에서 조금 더 올라간 자리, 즉 손가락 하나를 포개놓은 자리에서 머릿속으로 수평으로 들어오면 간뇌 자리이다.

그 경로를 따라서 뒤통수의 울림이 간뇌를 자극하도록 해준다.

간뇌의 진동이 느껴지면 그 부위에다 도넛츠의 이미지를 그려 넣는다.

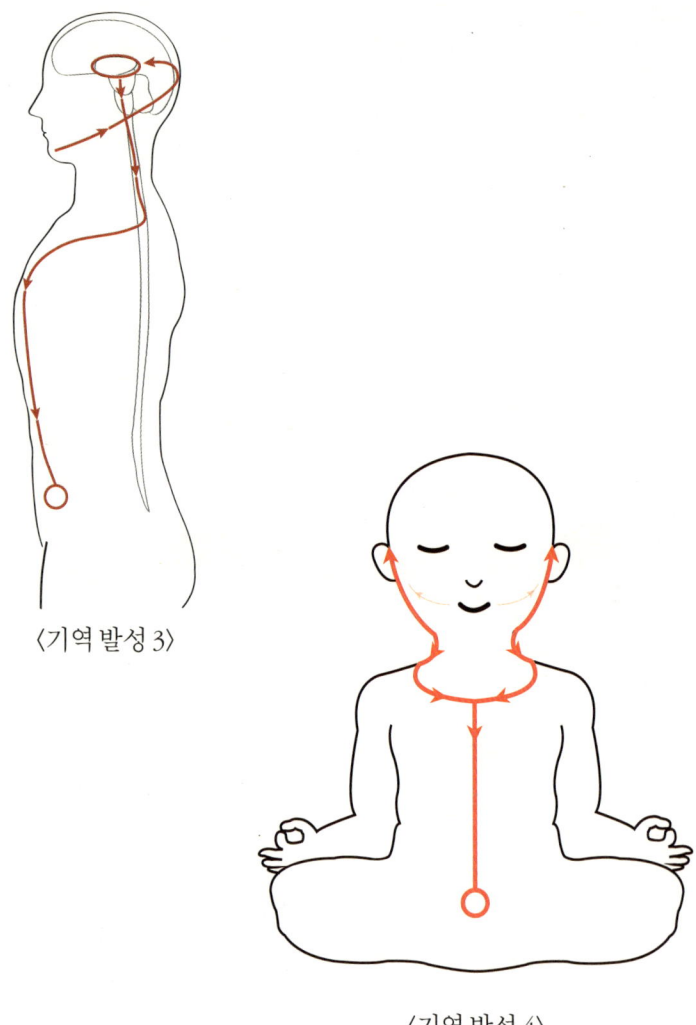

〈기역 발성 3〉

〈기역 발성 4〉

178 도넛츠 학습법

그런 다음 정신이 아득해지면 세타파에 들어간 것이다.

⑥ 세타파의 의식상태

세타파에 친숙해지면 보고 듣고 느끼고 생각하고 말하고 숨 쉬는 것들이 세타파 상태에서 일어날 수 있다.

세타파 상태에서 보게 되면 사물이 뚜렷한 형체로 보이는 것이 아니라 희끄무리한 빛처럼 보인다. 사람을 보면 사람의 윤곽선이 뚜렷하게 보이지 않고 에너지 장이 더 잘 보인다. 듣는 것도 아주 감미롭다. 소리가 공명하듯이 들린다. 마치 마이크에 에코를 넣었을 때 나는 소리처럼 들린다.

감각은 아주 미세해져서 공기의 흐름을 느낄 수 있다.

소리를 듣기도 하지만 보기도 한다.

소리가 파동을 일으키면 그것을 눈으로 보게 된다.

호흡할 때는 몸 전체가 공간과 일치된 느낌이 든다. 숨을 들이쉴 때는 몸 속으로 공간이 빨려 들어왔다가 내쉴 때는 밖으로 펼쳐지는 것처럼 느껴진다.

의식은 몽롱한 상태인데 그러면서도 맑고 명료하다.

생각의 틈이 벌어져서 느슨하게 늘어져 있는 것처럼 느껴신다. 생각과 생각 사이가 넓어져 있다. 그렇기 때문에 생각이 일어나서 말로 나오고 또 보는 것으로 쓰여지고 듣는 것으로 쓰여지고 하는 과정을 상세하게 볼 수 있다.

세타파 상태에서는 시간이 더디게 간다.
일 초가 10분처럼 길게 느껴지기도 한다.
그 상태에서는 공간의 틈을 볼 수 있다.

그런 능력을 갖추게 되면 공간을 통제할 수 있다.
세타파에 익숙해졌을 때 그것이 가능하다.
공간을 통제하기 위해서는 공간의 파동보다 더 안정된 파동을 갖고 있어야 한다.

⑦ 세타파의 진보 - ㅈ 발성법과 무념주 호흡

지읒 발성으로 무념 상태가 되는 것은 발성의 진동으로 인해서이다.
지읒 발성은 혀의 떨림을 활용해서 미세진동을 일으키고 그 진동으로 간뇌를 자극하는 것이다. 미세진동으로 간뇌를 자극해 주면 뇌파 자체가 일정해진다.
혀의 중간을 구부려서 입천장 가까이 댄다. 그리고 지~~~ 하는 진동이 일어나서 간뇌를 울리도록 한다. 그때 간뇌의 울림이 백회까지 전달되도록 한다.

마무리할 때는 웃! 하고 짧게 끊어준다.

이때 혀가 입천장에 닿으면 안 되고 아랫니에 닿아도 안 된다.

웃! 한 다음에는 머리 속에서 아무 생각이 일어나지 않는 것을 주시한다.

똑같은 정보가 반복적으로 간뇌를 자극하면 뇌세포들이 문을 닫는다. 세포가 문을 닫으면 뇌파가 안정된다. 이 상태가 무념 상태이다. 똑같은 정보가 반복적으로 들어오면 재미가 없기 때문에 도파민 분비가 일어나지 않는다. 그러다가 뭔가 변화가 생겨나면 다시 도파민이 분비되면서 세포가 문을 연다. 이때 변화의 요인으로 작용하는 것이 호흡과 발성이다. 그때 뇌세포의 문이 열리면 무념 상태를 자각하게 된다.

지~~~웃! 하고 나서 무념 상태가 조장되었으면 숨을 들이쉴 때, 지름 3cm 정도 되는 원판이 백회에서 간뇌까지 내려온다고 생각한다. 천천히 숨을 빨아들이면서 두정부의 피질척수로를 자극하고 간뇌까지 그 자극이 이어지도록 한다. 이것이 '무념주 호흡'이다.

피질 척수로가 호흡의 미세 감각을 통해서 자극을 받게 되면 신경 억제물질이 생성된다. 그렇게 되면 신경세포들이 문을 닫는다.

백회에서부터 간뇌까지 호흡이 빨려들어오는 느낌이 처음에는 잘 느껴지지가 않는다. 그런데 자꾸 하다 보면 느낌이 살아난다. 숨을 내쉴 때는 간뇌에서 백회까지 밀고 올라가는 느낌이 생겨나고 들이

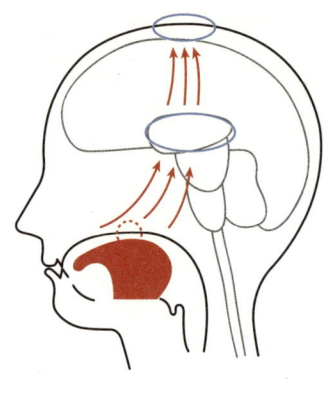

〈지읒 발성〉

쉴 때는 백회에서 간뇌까지 쑥 하고 빨려들어 오는 느낌이 생겨난다.

두정부의 피질척수로가 외부 자극에 노출되면 멜라토닌이 분비된다. 외부 자극에 저항하는 신경전달물질이 분비되는 것이다. 햇볕을 쪼여도 멜라토닌 분비가 일어난다. 그래서 피부가 검은색으로 변하면서 햇빛에 저항하게 된다.

햇빛의 광자가 피부세포를 때려서 전자가 튕겨져나가면 세포 내 분자균형이 깨어진다. 그때 튕겨 나간 전자를 대체하기 위해서 세포 내에 전자이동이 일어난다. 이 과정에서 세포가 훼손된다. 그것이 신경 활동을 촉발한다.

이런 경우를 피질척수로가 자각하면 세포의 훼손이 대뇌 기저 쪽으로 이어지지 않게 하기 위해 신경 억제 물질을 분비한다. 이때 분비되는 신경억제물질이 '가바'이다. 멜라토닌이나 가바는 피질척수로가 인체를 방어하기 위해 활용하는 신경 억제 물질이다.

무념주 호흡을 할 때에도 마찬가지이다. 숨을 빨아들이면서 백회를 자극하면 피질척수로는 그 감각을 저항해야 할 대상이라고 판단한다. 그래서 그 감각에 저항하기 위해 신경억제물질을 분비한다. 그 결과로 두정부 피질과 간뇌 사이에서 마비된 느낌이 기둥처럼 생긴다.

그것을 무념주라한다.

무념주가 세워지면 세타파가 한 단계 더 깊어진 것이다.

지웅 발성과 무념주를 병행하면 무념에 대한 각성이 극대화된다.

그 결과로 뇌세포가 무념 상태를 즐겁게 인식하게 된다.

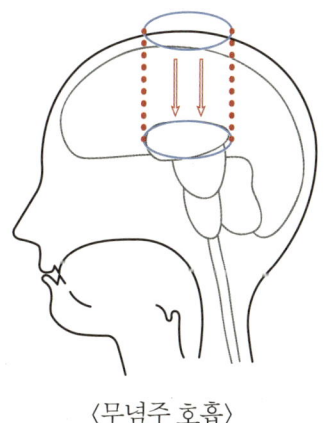

〈무념주 호흡〉

⑧ 세타파에서 사유하기

세타파 상태에서 사유할 때는 자기 안의 정보뿐만 아니라 외부세계의 정보까지 광범위하게 들어온다.
그래서 주제만 정해지면 억지로 의도하지 않아도 저절로 사유의 결과가 드러난다.
억지로 이해하려고 애쓸 필요도 없다. 그저 의식의 흐름을 객관화시켜서 지켜보기만 하면 된다. 예지, 예언, 공간의 통제, 이치를 타파하는 것 등 이 모든 것들이 이 과정에서 이루어진다.
무한한 창의성이 세타파에서 드러난다. 세타파에서는 이미 다 갖춘 것이지 따로 갖추어야 할 것이 없다.

⑨ 세타파와 사상의 직수용

생명이 호응하는 것은 이익되는 바가 있어서이다. 사상이나 사물의 이치가 진보된 가치로 드러날 때 생명이 호응한다.
세타파 상태에서는 사상의 직수용이 이루어진다. 사상의 직수용이란 사상을 활용해서 새로운 문화를 창출해내는 것을 말한다.
사상의 직수용이 이루어지려면 그 사상에서 제시하는 생명론이나 존재론이나 가치론을 활용적인 관점에서 바라보아야 한다.
예를 들어 그 사상의 생명론에서 "생명은 '무'에서 시작되었다"고 한다면 그 '무'를 활용적 관점으로 바라보라는 말이다. 어떤 과정을 통해서 '무'가 의식을 갖게 되었고 어떤 과정을 통해서 몸을 이루게 되었는지 그 원리를 알면 그것을 일상생활에서 활용할 수 있다. 이것을 일러 '문화의 창출'이라 한다.

하나의 사상이 시대를 이끌어 갈 수 있는 것은 그 사상을 통해서 수천수만 가지에 다양한 생활양식을 창출해 낼 수 있기 때문이다.

사상의 직수용이 가장 극명하게 드러난 것이 현대문명이다. 현대문명은 과학사상이 직수용된 것이다. 과학에서 제시하는 대부분의 관점들이 그때그때 진보된 생활양식으로 다시 탈바꿈한다. 양자 원리나 전자 원리가 각종 전자기기로 나오고 로켓으로도 나온다. 그래서 현대는 과학사상이 지배하는 세상이다.

그 과학으로도 풀 수 없는 문제점들이 있다. 그것이 바로 인구문제나 양극화문제 그리고 복지문제 등이다. 그런 한계를 극복할 수 있는 새로운 대안이 필요하다.

진보된 사상만이 그러한 문제점들을 해소할 수 있다. 그러한 사상원리에 입각해서 시대가 가진 열망을 충족시켜줄 수 있는 새로운 문화들을 다양하게 창출해낸다면 그런 문제점들이 해결될 것이다. 그런 역할을 할 수 있는 인재들을 양성해내야 한다.

자음 원리나 척수로의 기법, 세타파 학습법은 사상의 직수용을 통해 드러난 새로운 교육 체계이다.

점다법도 마찬가지다. 차의 원리에다 사상 원리를 부여한 것이다. 그래서 차의 원리를 배우다 보면 저절로 사상원리를 알게 된다. 이러한 생활양식이 바로 문화이다. 개인이 다양한 문화를 창출할 수 있는 역량을 갖추게 되면 거기에서 자기 가치만족을 느끼게 된다. 그리고 자기실현의 장을 넓혀갈 수 있는 능력을 갖추게 된다. 사물의 원리를 바라보는 안목이 넓어져서 새로운 기술을 창조해 낼 수 있는 근기를 갖게 된다.

문화는 사상의 산물이며 사상의 자식이다.

직수용이라는 말은 곧바로 활용한다는 말이다.
지식은 아는 것이다. 반면에 지혜는 아는 것을 쓸 줄 아는 것이다.
때문에 직수용을 하려면 지혜가 있어야 한다.
직수용은 단순한 것에서부터 시작한다.
'너의 이름이 무엇이냐?' 라고 물어보면 대부분이 '아무개입니다' 고 대답한다.
하지만 직수용의 관점에서는 그것이 올바른 대답이 아니다. 자기 활용을 통해 표현할 수 있는 대답이 올바른 대답이다. 나를 이름으로 표현하지 않아도 나를 표현할 수 있는 그 무엇, 그것이 바로 직수용적 표현이다.

경봉 스님 생전에 어떤 사람이 찾아왔다.
경봉 스님이 '누꼬?' 하고 물으니까 '저는 까치를 잘 그리는 데요.' 라고 대답했다.
그러자 경봉 스님께서 말씀하셨다.

'허헐! 이놈 30년 된 중보다 낫다.'

아무개요, 어디서 왔소, 뭐하는 사람이요, 다 필요 없는 말이다.

한번 그려보는 것이다. 척!척! 까치 한 마리를 그려주면 그게 자기인 것이다.

그것이 직수용이다.

꽃은 무엇이라고 불리지 않아도 그 향기로써 자기를 말하고 바람은 무엇이라고 불리어지지 않아도 옷깃을 여미게 함으로써 자태를 드러낸다. 이렇듯이 천지 만물은 존재 자체로써 이미 직수용을 하고 있다.

나는 무엇을 내세워서 나 자신을 직수용할 것인가?

그것을 고민하고 그럴 수 있는 면모를 갖추기 위해서 노력해야 한다.

직수용적인 관점으로 살게 되면 적극적이고 능동적이며 실사구시적인 사고를 배양하게 된다.

무한한 창조성이 거기서 키워진다.

직수용적 언어는 시대를 초월하고 사상을 초월한다. 그것이야말로 세계공통어이다.

그래시 언어를 떠난 언어라 말한다

⑩ 세타파를 운용하면서 갖춰야 하는 면모들

1) 기운을 운용한다.

이때 운용할 수 있는 기운이 선천기나 밝은 성품 그리고 후천기이다.

2) 직수용적 관점으로 생명 또는 사물을 바라본다.

3) 제도의 관점에서 자기를 활용한다.

이때의 제도라는 것은 원만함을 갖춰준다는 말이다. 즉 부족함을 채워주는 것이다.

내가 가진 그 무언가로 상대의 부족함을 보완해주는 것이다. 그 때의 상대는 개인일 수도 있고 시대일 수도 있으며 민족과 국가일 수도 있다.

4) 뭇 생명을 이롭게 한다.

제도의 관점에서 자신을 운용하다 보면 뭇 생명을 이롭게 할 수 있는 길이 나온다.

이런 관점에서 세타파가 운용될 수 있다면 사상마저도 직수용할 수 있는 역량이 키워진다.

사상원리를 직수용하는 것은 그 자체가 새로운 문화를 창출하는 것이면서 과학을 실현하는 것이다.

즉 철학과 과학이 통합된 것이다.

세타파 상태는 반 무의식 상태이다. 그래서 몽롱한 상태다. 세타파가 지속해서 유지되려면 그 몽롱한 상태가 지속되어야 한다.

하지만 그 상태를 유지하기가 쉽지 않다. 각성이 없어서 잠에 떨어지거나 너무 맑아져서 몽롱함이 사라져 버리기 때문이다.

세타파를 지속 시키려면 이 두 가지 한계를 극복할 수 있어야 한다. 그런 한계를 극복하는 과정에서 세타파의 단계가 나눠진다.
첫 단계의 세타파는 도넛츠이다.
두 번째 단계의 세타파는 무념주이다.
세 번째 단계의 세타파는 손오공의 머리띠이다.

⑪ 세타파 상태에서 오는 장애

세타파 상태에서도 장애가 있다. 세타파를 맛보는 유희에 빠져서 현실을 망각해 버리거나 유희를 갈망하는 외부의식을 접하는 것이 그것이다.

유희를 갈망하는 외부의식은 대부분이 천마이다. 이는 하늘 세계의 생명이 외부의식으로 작용하는 것이다. 천마가 접해지면 신통이 생기고 기적을 일으킨다. 그래서 처음 그런 현상을 접하는 사람들은 그 상황에 현혹된다. 만약 그런 권능이 생겨나면 능력을 활용하는 것을 자제하고 오로지 본성에 입각해서 심식의를 써야 한다. 그렇게 하는 것을 '해탈도를 행한다'고 말한다.

세타파에 빠져서 유희에 길들여졌을 때 그것에서 벗어날 수 있도록 해주는 것이 현실이다. 현실에 대한 책임을 느끼게 해주는 대상이 있어서 내가 이 세상에 남아 있는 이유가 된다.
아이들을 가르칠 때는 처음부터 뚜렷한 존재목적을 심어 주어야 한다. 그래서 시대에 대한 책임감을 갖도록 해야 한다.
특출한 능력을 갖추게 되면서 평범한 사람들을 무시하는 마음이 생겨서도 안 되고 상대에 대한 배려심을 잃어버려도 안 되기 때문이다. 이것은 아이들뿐만 아니라 같은 시대를 살아가는 모든 사람들이 함께 갖추어야 할 마음가짐이다.

세타파 학습을 통해 자기 능력을 갖추게 되면 비범한 존재가 된다.
하지만 그렇게 되기까지는 극복해야 할 과정이 있다.
첫째가 게으름이다.
게으른 사람은 비범해질 수 없다. 왜냐하면, 학습 하지 못해서 자기 진보를 도모할 수 없기 때문이다.
둘째가 두려움이다.
의식이 깨어나면서부터 오는 현상들에 대해서 두려워하게 되면 더 공부할 수 없다. 왜냐하면, 공부 자체를 거부하기 때문이다.
이 두 가지 한계를 극복한 사람은 자기 내부의식을 발현시킬 수 있는 사람이다.
그 과정에서 갖춰지는 것이 능력이다.
능력을 갖춘 사람은 비범한 사람이다.

비범함을 갖춘 사람으로서 경계해야 할 것이 있다.

⑫ 비범함을 갖춘 자로서 경계해야 할 것

1) 능력을 내세워서 불평등한 교류를 하지 말아야 한다.
권위를 내세워서 상대를 억압하면 안 된다.

2) 명석함의 상에 빠지지 말아야 한다.
비범해지면 똑똑해진다. 똑똑한 사람은 다른 사람의 말을 잘 듣지 않는다. 결국엔 독불장군이 된다. 그러면 안 된다. 정말 미련한 짓이다. 항상 귀를 기울일 줄 알아야 한다. 아무리 천지 만물의 이치를 다 안다 하더라도 다른 사람의 말에 귀를 기울여서 거기에서 더 큰 지혜를 얻을 수 있도록 해야 한다.

3) 자기 사상만이 옳다고 또는 최고라고 말하지 않아야 한다.
"이것이 최고다, 이것만이 옳다" 라고 말하는데 그렇지 않다.
각각의 가르침이 다 그 과정에서는 필요한 것들이다.
교육은 근기에 맞게 단계적이면서 차별적으로 이루어져야 한다.

4) 끝없이 낮아져야 한다.

이것은 자기 사상을 보편화시키기 위해 필요한 과정이다.

아무리 훌륭한 사상을 갖고 있어도 그것이 공유되지 못하면 어떤 가치가 있겠는가. 그래서 끝없이 낮아지고 더 낮은 관점에서 자신을 바라 볼 수 있는 자세를 갖춰야 한다.

5) 지나치게 쓰지 말아야 한다.

비범함을 활용하더라도 정도껏 해야 한다.

비범함을 남발하면 중생이 욕심을 내게 된다.

이것도 해주길 바라고 저것도 해주길 바란다.

마음대로 소원을 들어주는 요술구슬이 있으면 모든것을 다 요술구슬에 해달라고 하지 않겠는가?

결국, 지나치게 비범함을 쓰다 보면 상대의 창의성을 말살시키는 우를 범하게 된다.

나만 믿어라, 나만 믿으면 다 된다, 이렇게 하는 것은 중생의 창의성을 말살시키는 행위이다. 교육이나 종교가 그렇게 흘러가서는 안 된다. 엄청난 죄를 짓는 것이다.

그래서 지나치게 쓰면 안 된다.

내보이는 것이 적당해서 조금씩 써야 한다.

그렇지 않으면 화를 당한다.

이와 같은 장애를 극복할 수 있다면 비범해도 좋다.

아이들에게 그런 교육을 철저하게 해야 한다.

아는 것을 내세우는 것이 부끄러운 일이고 자기가 잘났다고 자랑하는 것이 부끄러운 것이라는 것을 알도록 가르쳐야 한다.

교육을 제대로 받은 사람들은 자기 에고를 내세우는 것이 얼마나 부끄러운 일인가를 안다.

그런 교육을 받지 못했기 때문에 에고를 내세운다. 그것을 자랑으로 알고 그것을 잘난 것으로 안다.

일반적인 아이들은 세타파 상태를 무료하고 나른하게 느끼거나 무서워할 수도 있다. 그래서 점차 익숙해지도록 단계적으로 이끌어 가는 것이 좋다.

자음 발성을 통해서 처음부터 세타파로 들어가도록 하는 것도 필요하지만, 베타파나 알파파 상태의 훈련들을 꾸준히 시켜주는 것도 중요하다.

아이들로 하여금 자기 안의 고요를 즐길 수 있도록 가르쳐야 한다.

서둘러서 가르치기보다는 재미있게 스며들도록 가르쳐야 한다.

배움을 통해 얻어지는 모든 것을 활용적 관점으로 바라볼 수 있도록 가르쳐야 한다.

쓰이지 못하는 것은 가르치지 말고 쓸 수 있는 것을 가르쳐야 한다.

'저 하늘을 어디에다 쓸까?'

'부처님께서 천지 만물에는 불성이 있다 하셨는데 그 원리를 어디에다 쓸까?' 이렇게 생각하는 것이 활용적 관점에서 사물의 원리를 생각하고 사상을 생각하는 것이다.

창의적 발상이라는 것이 별거 아니다.

매사에 자기 활용적 관점을 확보하는 것이다.

손가락 운동과 발가락 운동에서 척수로 운동이 나올 거라고 그 누가 생각했겠는가?

척수로 운동이나 자음 발성, 모음 발성이나 문자관, 그리고 관 수련의 체계들은 모두 다 사상을 직수용적 관점으로 바라보았기 때문에 나올 수 있었던 수행법들이다.

직수용적 관점에서 현상을 바라보았을 때 거기에서 한계를 맞이하면 그것은 살아있는 의문이 된다.

결국엔 지속적으로 사유할 수 있는 에너지가 거기에서 만들어진다.

의문이 살아있어서 정도 이상 그 의문을 잡고 있을 수 있으면 무상에 들어간다.

생각의 헤아림으로는 드러나지 않는 그 자리를 인식할 수 있게 되는 것이다.

즉 모르는 자리를 보게 된다.

그것이 세타파의 무상이다.

3장 〈생명, 그 아름다움〉

3-1. 아름다움이란?

'아름답다' 란 말을 풀어보면 다음과 같은 뜻이 있다.

'아' 는 생명이 스스로의 생명성을 밖으로 확장시킨다는 뜻이다.
'름' 은 틀 지어진 중심을 통해 밖으로 확장하는 것을 즐겨 행한다는 뜻이다.
'답다' 는 연결해서 확장시킴으로써 생명 그릇을 키운다는 뜻이다.
즉, 사람이 돈독한 중심을 통해 자기 생명성을 밖으로 확장시켜서 생명 그릇을 키우고 그것을 즐겨한다. 그리고 그것을 혼자서 하는 것이 아니라 다른 생명과 연결해서 한다. 이것이 '아름답다' 는 말의 뜻이다. 아름다움에도 차별이 있다.

- 중심으로 공감하기

중심으로 공감하면서 느끼는 아름다움이 있다.
편안하고 고요한 상태에서 상대와 공감을 이루면서 아름다움을 느끼는 것이다. 공감이란 감정을 공유하고 의식을 공유하는 것이다. 막연하게 들릴 수도 있겠지만 그렇지 않다. 중심이 세워져서 중심을 쓰게 되면 누구나 다 겪게 되는 일이다.
중심으로 공감해서 느끼는 아름다움은 7식의 아름다움이다. 6식으로 보는 아름다움은 한계가 있다.

인식의 깊이에서도 한계가 있고 지속시키는데도 한계가 있다. 6식으로 느끼는 아름다움은 의식이 현혹돼서 느끼는 아름다움이다. 그것은 참다운 것이 아니다. 마음이 여유로울 때 느껴지는 아름다움이 참다운 아름다움이다.
몇몇 사람에게 가장 아름다웠던 때가 언제였냐고 물었다.
각기 그 대답이 달랐다.

석양을 볼 때 장엄한 것이 아름답다.
기도 하고 났을 때 아침에 보는 햇살이 너무나도 아름답다.
연세 드신 노부부가 손잡고 가는 모습이 아름답다.
자신의 생명성을 뽐내거나 빛낼 때.
대상의 순수함과 공감하게 될 때.
자연이 조화를 이루었을 때.

어찌 보면 무언가를 보고 아름다움을 느낄 때가 가장 행복한 때일 것이다. 누군가에게 아름다운 모습을 보여주는 것은 그 사람을 행복하게 만드는 일이다.
생명이 아름다움을 느낄 수 있는 조건을 갖춰주는 것도 교육을 통해 이루어진다. 아이들이 아름다움을 느끼게 하려면 편안하고 고요해지도록 해야 한다.
그것을 정서적 안정이라고 하는데 중심을 세워주는 것이 바로 그것이다.

중심으로 사물을 바라보면서 그것에 대해 그리움과 갈망을 일으키도록 해준다.

이때 아이에게 그리움의 느낌과 갈망의 느낌을 일러주는 것이 중요하다.

편안함은 이응 발성으로 갖춰줄 수 있지만 그리움을 갖도록 해주는 것은 또 다른 방편이 필요하다.

더군다나 사물을 놓고 그것에 대한 그리움을 일으키도록 하는 것은 매우 어려운 일이다.

엄마가 보고 싶고 아빠가 보고 싶다.

보고 싶은 느낌이 그리움이다. 그것을 구체적으로 이미지화 해서 나무 한 그루에도 부여해 줄 수 있어야 한다.

감정이 대상과 서로 동화되었을 때 그것을 아름답다고 느끼듯이 일치를 통해서 느끼는 아름다움은 훨씬 더 감동적이다.

중심에 상대를 담아 느끼다 보면 저절로 공감이 돼서 상대의 내면을 들여다볼 수 있게 된다.

아이들이 중심을 활용해서 사물과 일치하는 속도는 어른보다 훨씬 더 빠르다.

때문에 선생님이 중심을 쓸 줄 모르면 아이들을 가르칠 수가 없다. 알파과 학습이 제대로 이루어지려면 먼저 선생님이 중심으로 일치할 수 있는 능력을 갖추어서 아이들과 함께 공유할 수 있어야 한다. 그 과정에서 아이들이 선생님에 대한 존경심을 갖게 된다. 선생님은 공유되는 느낌에 대해 여러 가지 다양한 표현들을 할 수가 있다. 아이들은 그것이 부족하다. 그런 데서 아이들과 경지를 논할 수 있게 되는데 이것이 또 하나의 행복이며 아름다움이다. 이렇게 이루어지는 교육은 그 자체가 조화의 실천이다.

하나의 현상을 놓고 서로 공감하고 공유해서 서로의 의식을 진보시켜주고, 좀 더 원활하게 표현하는 방식을 제시해주고, 이끌어주고 따라가는 그 행위, 그 자체가 조화인 것이다.

상대에 대한 배려와 공감이 너무 지나쳐서 오는 장애가 있다. 그때 생길 수 있는 것이 마음의 그늘이다. 상대의 그늘에 내 자신이 덮여버리는 것이다.

그래서 공감을 이룰 때는 관여되지 않을 만큼 거리를 두고 바라보아야 한다.

상대의 아픈 것을 치료해 주려면 내가 아파서는 안 된다. 의사가 아프면 환자의 병을 치료해 줄 수 없다.

관여되지 않는 자리를 놓치지 않고 어떤 상황에서든지 쓸 수 있으면 그 거리가 저절로 조절된다. 그런데 그걸 놓쳐버리고 배려심이나 애틋함이 더 커지면 그런 상황에 휩싸여 버린다. '불쌍해 안됐어.' 이렇게 함께 해주다 보면 상대의 그늘에 나도 같이 휩쓸린다. 막상 그렇게 되면 나는 상대의 의지처가 되어주지 못한다. 그 사람이 나를 의지처로 삼은 것은 내가 가진 편안함과 꿋꿋함 때문인데 도와준답시고 같이 괴로워하면서 편안함을 잃어버리면 위안은 될 수 있지만 의지처가 되지는 못한다.

그래서 중심을 활용할 수 있는 사람은 상대의 그늘에 물들지 않는 지혜를 갖춰야 한다.

- 공감하는 것을 지켜보기

다른 생명이 서로 공감하는 것을 지켜보면서 느끼는 아름다움이 있다.

허공의 관점에서 사물을 바라보면 사물과 사물은 서로 연결되어 있다.

만약 스스로 마음이 허공과 같다면 천지 만물이 서로 간에 주고받는 말들을 알아들을 수 있을 것이다.

어떻게 허공이 되는가?

자기를 드러내려 하지 말고 중심의 편안함을 여백으로 삼아 사물을 음미하듯이 바라보면 된다.

나의 견해가 부여되면 나를 드러낸 것이다. 그런 상태는 허공의 상태가 아니다. 내가 일으키는 의식의 파동이 공간을 간섭하면 다른 생명들의 대화가 가려진다.

그래서 중심을 지켜가면서 그 편안함을 지극하게 음미할 뿐 따로 자기 견해를 드러내지 말아야 한다.

중심에 세워진 편안함을 일러 '무심'이라 말한다. 무심한 눈으로 사물을 보고 그 마음으로 사물과 공감을 이루면 그때 사물과 사물이 서로 교류하는 것을 보게 된다.

참으로 행복했던 때가 있었다.

식물과 교류하면서 행복을 느꼈을 때다.

법당 부처님 앞에 꽃이 핀 화분이 있었다. 아는 신도가 '하늘손매발톱'을 화분에 심어서 공양을 올린 것이다. 어느 날 촛불을 켜려고 촛대 앞에 섰는데 매발톱 잎이 파르르 떨고 있었다. 처음에는 내 옷깃 때문에 바람이 일어서 그런가 보다 생각했다. 그러고서 촛불을 보니까 촛불은 가만히 있는데 매발톱만 파르르 떨고 있는 것이다. 이상한 생각이 들어서 손을 잎 가까이에 대어 보았다. 그랬더니 잎들이 부르르 떨기 시작했다. '아, 얘가 나에게 반응을 하는구나.' 그 모습을 보면서 나는 감동했다. 그 후로도 틈만 나면 손을 대 보았다. 그때마다 파르르 하고 대답했다. 그 순간이 너무너무 행복했다.

그것이 식물을 보고 느꼈던 첫 번째 행복이었다. 그 다음부터는 식물을 단순하게 보지 않았다. 산에 가도 나무를 꺾을 수 없었고 풀도 함부로 밟을 수 없었다.

식물로 인해 행복했던 일이 또 한 번 있었다.

난초 때문이었다.

어느 날 신도 집 소파에 앉아 있었다. 그 집에는 난초가 많이 있었다.

소파에 앉아서 난초에 기운을 보내 보았다. 여기서도 난초가 감응하는지 보기 위해서였다. 그랬더니 역시 이파리가 부르르 떨렸다. 그런 다음에 가만히 난초를 중심에 담아 보았다.

그랬더니 난초의 기쁨이 느껴지기 시작했다.

환희가 중심에서부터 가득 차오르더니 갑자기 난초잎 모양의 흰 빛이 일어나서 "창! 창!" 하고 거실을 휩쓸기 시작했다. 그 모습은 참으로 장관이었다.

그러면서 조금 있으니까 반대편에서 "장! 장!" 하고 황색 빛이 나오는데 마찬가지로 난초잎의 형태였다.

황색 빛이 나와서 흰색 빛의 파동에 간섭 하는 것이다.

그 장면을 중심을 통해 보니까 너무너무 황홀했다.

그것은 난초들끼리 서로 대화하는 모습이었다.

'야, 쟤가 나한테 기운을 보냈어. 너무너무 좋아'

그 얘기를 흰 빛 난초가 황색 빛 난초한테 하는 것이다.

황색 빛 난초는 그 소리를 듣고 그 느낌을 공유한다. 식물들은 느낌을 통째로 전이시킬 수 있다.

동물은 그것이 잘 안 된다. '참 행복하다'고 말로 표현할 순 있지만, 행복한 느낌을 전해줄 수는 없다. 그런데 식물은 그것이 가능하다.

그 모습에 나는 감동했다. 모든 생명이 다 평등하다고 생각했지만, 저토록 대단할 줄은 몰랐던 것이다. 그 모습이 얼마나 장엄한지, 그것은 최고의 아름다움이었다. 손으로 접촉해서 바르르 떨었을 때 느꼈던 감동과는 또 다른 감동이었다.

그 일이 있고 나서 집으로 돌아와서 마당 앞에 펼쳐진 숲을 내려다보았다.

바람이 불어오자 나무들이 쏴아~ 하고 누웠다가 다시 일어서기를 반복하고 있었다. 그 율동이 가슴에서 행복으로 느껴졌다. 나무가 바람을 타는 저 행복, 움직이지 못하는 데서 오는 스트레스를 바람을 통해 해소하는 그 모습, 그 나무들의 행복이 나의 가슴 속에서 느껴졌다.

그 뿌듯함과 그 행복함이 얼마나 좋았는지, 그것은 지상 최고의 아름다움이었다.

나는 누군가에게 그런 감동을 줄 수 있는 존재인가?

저 생명들은 나에게 이와 같은 감동을 주는데, 나는 무엇을 내세워서 그 생명들에게 감동을 줄 것인가?

나의 아름다움은 겉모습에 있는 것이 아니고 잘나고 똑똑한 데 있는 것도 아니다.

나의 가치는 상대에게서 드러난다. 상대를 이롭게 하고 상대에게 감동을 주는 것이 나의 가치를 실현하는 것이다.

그러기 위해 갖추어야 할 면모가 무엇인지를 알고 그것을 갖추기 위한 노력을 쉼없이 해야 한다.

스스로 그런 능력을 갖춘다면 저렇게 난초와 난초가 서로 교감하는 것을 인식하면서 나의 의도를 난초에 전할 수도 있다.

그것이 최고의 행복이고 최고의 아름다움이다.

그것을 일러 조화라 한다.

- 아름다움을 직수용한다.

달 밝은 날, 달 구경을 하던 제자들에게 어느 선지식이 물었다.

"달 구경 하는 것이 어떤가?"
"매우 좋습니다"
"그러냐, 그러면 그 값을 치르거라"

아무도 대답하지 못했다.
그 값이 얼마일까?
당신은 달 값을 치를 수 있는 역량이 있는가?

오로지 인간만이 그와 같은 교류를 할 수 있다.
그것이 인간의 가치이다.

다양한 문화적 소양이 있다면 얼마든지 달 값을 치를 수 있다. 그러면 상대를 감동시킬 수 있다.
인간의 지성이 다른 생명에게 감동을 주는 것으로 쓰일 수 있다면, 이것이 인간이 창출할 수 있는 최고의 가치이다. 그런데 현대 교육은 경쟁하고 다투는데 그 지성을 쓰라고 부추기고 있다.
상대를 감동하게 할 수 있는 교육을 받지 못했던 것은 교육의 종지로 제시되었던 사상이 그와 같은 존재론과 가치론을 갖고 있지 못했기 때문이다.

서로에게 감동을 주는 그런 세상에서 살아보고 싶다. 아니 그런 세상을 만들고 싶다.

자라나는 저 아이들이 아름답게 살 수 있도록, 생명과 생명이 조화를 이루면서 살 수 있는 그런 세상을 만들고 싶다.

늙은 눈으로 그렇게 사는 모습들을 볼 수 있다면 얼마나 행복하겠는가.

내 안의 행복은 갖추어졌으나 내가 처한 세상이 지옥이라면 그 행복은 정당한 것이 아니다. 그 지옥불이 꺼져야 내가 행복한 것이 죄가 되지 않는다. 교육자라면 그런 마음이 있어야 한다.

3-2. 자신을 아름답게 하는 다섯 가지 향기

자기를 아름답게 하는 다섯 가지 향기가 있다.

이 향기는 신들에게 공양으로 올릴 수도 있고 다른 사람에게 나눠 줄 수도 있다.

복 없는 사람에게는 그 향기를 나눠줘서 복을 줄 수도 있다.

"너 자신을 믿느냐?"라고 물었을 때,
"나는 나 자신을 믿습니다."고 대답할 수 있는 사람은 드물다. 그런데 이 다섯 가지 향기 중에서 한 가지만이라도 갖춘 사람이 있다면 그 사람은 당당하게 자신을 믿을 수 있다고 얘기한다.
 스스로에 대한 믿음이 부족한 것은 자기 성취가 부족하기 때문이다.
 다섯 가지 향기를 갖추는 것은 그 자체가 자기성취를 이루는 것이다.

* 첫 번째 향기 *

 자기를 아름답게 하는 첫 번째 향기는 청정함의 향기이다.
 청정함이란 무엇인가?
 떳떳하고 부끄럽지 않고 착한 것이다.
 하나씩 쌓아가는 떳떳함과 부끄럽지 않음과 착함은 스스로의 생명성을 확장시키는 일이며 또한 자기 아름다움을 키워가는 것이다.
 착함이란 무엇인가?
 다른 생명을 기쁘게 하는 것이며 그 생명이 좀 더 발전할 수 있도록 이끌어주는 것이다. 남을 해롭게 하고도 떳떳한 것은 착한 것이 아니다.

 "착한"이란 말을 한글원리로 풀어보았다.
  ㅊ: 초월한다.
  ㅏ: 밖으로 확장한다.
  ㄱ: 오로지 그 길을 간다.

ㅎ: 성스러운 확장.
ㅏ: 밖으로 확장한다.
ㄴ: 존재의 승화
성스러운 확장으로 자기를 초월하고 존재를 승화시킨다.
그리고 올곧게 그 길을 간다.

'떳떳함'이란 마음에 걸림이 없다는 것이다.
거리낌이 없어서 존재 자체만으로도 뿌듯한 것, 그것이 바로 떳떳함이다.
불교에서는 청정함의 향기, 떳떳함의 향기를 '계향'이라고 한다.
'부끄럼'이란 자기 생명 그릇이 나눠졌으니 안으로 깃들어서 고정된 틀을 갖추라는 말이다.
부끄: 생명 그릇이 나눠졌다.
럼: 안으로 깃들어서 고정된 틀을 갖추다.

* 두 번째 향기 *

자기를 아름답게 하는 두 번째 향기는 '고요함'이다.
중심을 세워서 고요함을 갖춘다.
이것을 '정향'이라고 말한다.
定香.

'세워진 자리'를 갖춘 자로서의 향기.

이때의 '세워진 자리'란 의식과 감정과 의지에 속하지 않는 한 자리를 말한다.

감정에 이끌리지 않는 자리, 의식에 치우치지 않는 자리, 의지의 선택과 분별에 관여되지 않는 자리, 그런 자리가 곧 세워진 자리이고 그것이 바로 중심자리이다. 중심이 세워진 자는 그 자체만으로도 향기롭다.

편안하고 고요한 사람을 보면 좋다. 지극히 안정된 사람을 보면 믿음이 간다.

그런 안정과 다듬어진 성품은 그냥 생기는 것이 아니다.

중심이 세워짐으로써 생겨나는 것이다.

어렸을 때부터 '고요한 사람은 아름답다'는 동경심을 심어줘야 한다. 고요한 사람은 '어느 공간', '어떤 사람', '어떤 환경'에 처해도 능히 그 속에서 조화를 이룰 수 있다. 그런 사람이 능력있는 사람이다.

자신을 표현할 때는 당당하고 거리낌 없이 하고, 스스로를 내세우지 않을 때는 삼가서 고요함을 지킬 줄 아는 사람, 이런 사람이 매력있는 사람이다.

세 번째 향기

자기를 아름답게 하는 세 번째 향기는 '지혜의 향기'이다.

'지혜'란 무엇인가?

일상의 지혜라면 '명석함'을 말한다.

즉 상황에 잘 대처하고 변화되는 환경에 잘 적응할 수 있는 사람을 지혜로운 사람이라고 한다. 하지만 향기를 주는 참다운 지혜는 그것이 아니다.

향기로움을 주는 지혜는 두 가지가 있다.

첫 번째는 스스로의 착함이 훼손되지 않도록 하는 지혜이다.

능력도 있고 7식도 발현되어 있다. 넉넉히 일치도 잘 이룬다. 그런데 상대에게 상처를 받는다. '나는 이렇게 잘 해줬는데 상대는 부족하다'는 피해의식에 젖어 있다. 그러면서 서운해한다. 대부분의 종교인이나 선생님들이 다 그런 상처를 안고 산다.

착한 마음은 낼 줄 아는데 상대와의 관계 속에서 자꾸 그 착함을 훼손시키는 것이다. 그렇게 되면 시간이 지날수록 부정의식만 쌓여간다. 만남과 교류가 이루어질 때마다 착함이 증장되어서 기쁘고 뿌듯한 마음이 키워져야 하는데 그러지 못하고 상처를 받는다는 것은 자기를 지킬 줄 모르는 것이다. 자기 착함을 훼손시키는 것은 절대 남의 탓이 아니다. 스스로 지혜가 없는 것이다.

재물을 잃고 착함을 지킬 수 있다면 그렇게 해야 한다. 착함을 지키는 것은 천국을 예약하는 것이다.

한번 착함을 행하면 죽어서 내 영혼이 살 수 있는 국토가 만들어지고, 두 번 착함을 행하면 그 장소에 내가 살 집이 생겨나고, 세 번을 행하면 그 뜨락에 정자가 하나 생겨나고, 네 번을 행하면 정자 옆에 연못이 만들어지고, 다섯 번을 행하면 그 연못에 연꽃이 피게 된다.

이 세계와 저 세계가 그렇게 연결되어 있다.

영생하는 방법이 바로 착함을 지키는 것이다. 세상의 이익을 탐해서 착함을 훼손시키는 것은 큰 것을 버리고 작은 것을 취하는 것이다. 떳떳하게 노력해서 그 가치를 자본으로 받는 것은 잘못된 것이 아니다.

하지만 착한 것을 버리고 재물을 선택하는 것은 잘못된 일이다. 사람과의 관계에서도 마찬가지이다. 이익을 위해 자신의 착함을 훼손시킨다면 큰 손해를 보는 것이다. 줄 수 있으면 주고 자기 착함을 지켜가는 것이 훨씬 더 지혜로운 일이다.

스스로 착하지 못하다는 것은 떳떳하지 못한 것이다. 그렇게 되면 자신에 대한 믿음이 사라진다.

자기 자신을 믿지 못하고 산다는 것은 불행한 일이다. 자신도 못 믿는데 누굴 믿겠는가. 착한 사람을 잃어버리는 것 또한 불행한 일이다.

주변에 착한 사람이 있는 사람은 행복한 사람이다. 결국엔 그 덕으로 산다.

착함은 나눠줄 수 있다. 공양할 수 있는 것이다. 나의 착함을 부처님께 바쳐서 '저 사람 잘되게 해 주세요.' 라고 할 수 있다.

그런 일만 하고 사는 것도 괜찮다. 매일매일 착한 것을 쌓아서 남을 위해 기도해주는 일을 하는 것이다. 중심분리를 이루고 착함을 쌓은 사람이라면 그런 일을 할 수 있는 조건을 충분하게 갖춘 것이다.
거기에서 지혜가 생긴다.
똑똑한 것은 복을 이기지 못한다.
복은 덕을 이기지 못한다.
편안한 것을 나눠 줄 수 있는 것을 공덕이라 한다.
복 있는 사람은 많지만, 공덕 있는 사람은 드물다.

향기로움을 주는 두 번째 지혜는 보신을 행할 줄 아는 것이다. 보신이란 '현상의 가치'를 창출할 수 있는 창조적 역량이다.
현상이 좀 더 진보된 가치로 쓰이도록 하여 현상의 원만함이 이루어지도록 하는 것이 보신을 행하는 것이다.
현상의 활용에는 드러난 것의 활용과 드러나지 않은 것의 활용이 있다.
드러난 것의 활용은 현상이 진보된 가치로 쓰이도록 하는 것이다.
반면에 드러나지 않은 것의 활용은 본성의 활용이다.

스스로 현상에 관여되지 않고 물들지 않는 것은 본성이 쓰이는 것이다. 또한, 무위의 세계와 그 현상을 연결해주는 것도 본성이 쓰이는 것이다.
무위의 세계란 현상 이전의 세계들이다. 그 세계를 '열반계'라고도 부르고 '진여문'이라고도 부른다.
무위의 세계와 현상을 연결하면 무한한 가치가 창출될 수 있는 조건이 만들어진다. 무위의 세계와 현상계가 연결되면 거기서 기적이 일어난다.

이런 경우를 일러서 '진여문을 쓴다.' 또는 '공여래장을 쓴다'라고 말한다.

보신의 지혜는 8식과 9식을 더불어서 활용하는 것이다.

착함이 훼손되지 않도록 하고 능히 유위와 무위를 쓸 수 있는 지혜를 갖춘 사람은 자기를 이롭게 하고 상대도 이롭게 한다.

네 번째 향기

자기를 아름답게 하는 네 번째 향기는 '벗어난 자'의 향기이다. 이것을 일러 '해탈의 향기'라 한다.

무엇에서 벗어났느냐.

감정과 의식과 의지에서 벗어났다.

흔히 말하기를 자기 마음대로 하는 것을 자유롭게 사는 것 이라고 한다. 하지만 그것은 자유가 아니다.

그것은 자기 의식과 감정과 의지에 구속되어 있는 것이다.

참다운 자유란 자기 의식과 감정과 의지에서 벗어난 것이다.

감정에서 벗어나려면 어떻게 해야 하는가?

중심을 세우면 된다.

중심이 세워져서 편안하면 감정에서 벗어나 있는 것이다.

의식에서 벗어나려면 어떻게 해야 하는가?

무념을 체득해야 한다.
의지에서 벗어나려면 어떻게 해야 하는가?
중심을 활용해야 한다.
중심이 무념을 만나면 본성이 된다. 본성을 갖추는 것 또한 중심의 활용이다.
중심에 입각해서 안팎의 현상을 비추어서 보게 되면 의지에 따르지 않고도 자기를 이끌어갈 수 있다. 그런 상태에서는 인과를 볼 수 있어서 능히 선택적 분별에서 벗어나게 된다. 갈등과 번뇌에서 벗어나는 것이다.
그런 사람에게는 청정함의 향기, 고요함의 향기, 지혜의 향기가 모두 다 갖추어져 있다. 그렇게 갖추어진 자기 향기를 스스로를 벗어나는 데에 쓰는 것이다.
밝은 성품과 중심과 본성을 자신을 벗어나는 데 쓴다.
벗어난 자는 에고가 없다.
심식의에 의거해 살지 않기 때문이다.

에고가 있어서 그것이 윤회의 근본이 되고 부딪침의 근본이 된다.
에고가 없다는 것은 마치 저 허공과 같이 되는 것이다.
자기를 벗어난 자가 진여문에 들어간 사람이며 공여래장을 활용하고 9식을 쓰는 사람이다. 그런 사람을 '보살'이라 부른다.

해탈의 향기를 갖춘다는 것은 참으로 어려운 일이다.

그럴 수 있는 방법으로 제시된 것이 해탈도이다.

해탈도는 세 종류로 나뉘고 다섯 단계로 이루어져 있다.

첫째가 허공해탈도이다. 이는 본성에 입각해서 밖의 현상을 제도하는 방법이다.

둘째가 금강해탈도이다. 이는 본성에 입각해서 안의 습성을 제도하는 방법이다.

셋째가 반야해탈도이다. 이는 본성과 자기 심식의를 분리하는 방법이다.

반야해탈도는 세 단계로 이루어져 있다.

첫째 단계가 본성이 인식의 주체가 되는 것이다.

둘째 단계가 본성과 심식의가 분리된 상태에서 공존하는 것이다.

셋째 단계가 본성과 각성과 밝은 성품이 현전하고 심식의를 인식의 대상으로 삼지 않은 것이다. 이것이 열반의 상태이다.

부처님께서는 금강경에서 허공해탈도와 금강해탈도를 말씀하셨고 반야경에서 반야해탈도를 말씀하셨다.

그러나 현대 불교는 해탈도의 방법을 잃어버렸다.

그래서 그런 향기를 갖춘 사람을 만나기가 어렵게 되었다.

이렇게 된 것은 그 위대한 진리가 편협된 견해와 짧은 지식으로만 해석되었기 때문이다. 그 광대무변한 진리가 제한된 지식으로만 해석되는 것이 참으로 안타깝다.

다섯 번째 향기

자기를 아름답게 하는 다섯번 째 향기는 '진여의 향기'이다.

이것을 '법의 향기' 또는 '진리의 향기'라 말한다.
진여란 자기 심식의를 벗어난 자가 가진 인식 체계를 말한다. 자기를 벗어나기 이전에는 심식의에 입각해서 살지만 자기를 벗어나면 진여에 근거해서 산다.

진여란 본성과 각성과 밝은 성품으로 이루어진 인식체계이다. 진여로서의 삶에는 크게 두 가지 방향의 존재목적이 있다.

첫째는 분리했던 자기 심식의를 제도하는 것이다.

둘째는 심식의를 자기로 알고 살아가는 생명들을 진여 생명으로 이끌어가는 것이다. 이 두 가지 존재목적을 실현하는 것 자체가 진여 생명의 수행이면서 삶이다. 이 과정의 수행이 오십 단계로 이루어져 있다.

진여의 향기를 갖춘 사람은 상대는 물론이고 시대나 세계조차도 심식의의 관점에서 벗어나게 해줄 수 있다. 한 생명의 지견이 시대나 세계에 영향을 미치려면 두 단계의 과정을 거쳐야 한다. 하나는 사상화의 과정이다. 이는 원리를 정립해서 여러 생명이 공유할 수 있는 조건을 만드는 일이다. 또 하나는 교육하는 과정이다. 이는 여러 생명이 사상을 공유하는데 필요한 과정이다. 인류 역사 속에서 생겨난 대부분의 사상은 진여적 관점에서 만들어진 것이 아니다. 그저 심식의의 관점에서 만들어진 것이다. 그래서 그런 사상이 이끌어가는 세상은 필연적으로 부조화스러울수 밖에 없다. 특히 현대의 과학 사상이나 자본주의 사상이 그렇다.

진여를 제시한 가장 위대한 사상은 불교사상과 천부사상이다. 그것이야말로 벗어난 자의 지견이다.

벗어난 자의 지견에는 단순히 벗어났다는 것 이상의 위대함이 있다.

시간과 공간을 초월해서 감화와 감동을 줄 수 있는 것이다.

떳떳함의 향기에서부터 시작해서 이렇게 진여의 향기를 갖추는 것에 이르기까지, 이것은 한 인간이 추구해가야 할 자기완성의 길이다. 그 길에서 얻어지는 성취가 자기에게는 향기가 되고 다른 생명에게는 이로움을 준다.

'오늘 하루 동안 쌓은 착함의 공덕을 부처님께 바칩니다.

오늘 하루 동안 쌓은 고요함의 공덕을 부처님께 바칩니다.

오늘 하루 쌓은 지혜의 공덕을 부처님께 바칩니다.

심식의를 벗어나서 행한 모든 행위를 부처님께 바칩니다.

진여로써 세상을 바라보고 뭇 생명에 이로움을 준 공덕을 부처님께 바칩니다.'

하루에 한 번씩 부처님에게 자기 향기를 공양할 수 있어야 한다. 그러려면 자기 향기를 갖추는 일을 게을리하지 말아야 한다. 바칠 것이 없으니까 촛불이나 켜놓고 향이나 피우고 쌀이나 바치고 돈이나 바치는 것이다. 그것은 참다운 공양이 아니다.

3-3. 자음원리를 활용한 진단과 치유

- 기억 발성법

기역 발성을 하면서 다음과 같은 경로를 차례대로 인식하도록 한다.
1) 턱 떨림.
2) 뒤통수 떨림.
3) 머릿속 떨림.
4) 가슴 떨림.
5) 배 떨림.

아이들을 진단할 때는 그냥 간단하게 혀끝을 아랫니 뒤쪽에다 대고 기~~ 하면서 턱 떨림이 느껴지는지 물어본다. 그다음에는 똑같은 방법으로 기~~ 하면서 뒤통수 떨림이 느껴지는지 물어본다. 이런 방법으로 나머지 각 부위를 느껴보게 한다.

기~~~역! 할 때 턱 떨림이 안 느껴지는 사람이 있나.

그런 경우는 3차신경에 문제가 있는 것이다. 아이가 그런 조건을 갖고 있으면 외부 상황을 잘 인식하지 못한다. 정보를 받아들이는 경로가 훼손되었기 때문이다. 그런 경우에는 고립감이나 거부감, 우울증을 갖게 된다. 3차신경이 안 좋으면 여러 가지 질병이 생긴다. 이빨도 안 좋아지고 시력도 나빠진다. 턱관절에도 이상이 생긴다. 그러면서 생기는 병이 우울증이다.

3차신경의 감각을 살려내면 그 모든 질환이 해소 된다.

뒤통수 떨림이 느껴지지 않는 사람들은 피질척수로가 억제되어 있는 것이다. 이런 사람들은 행동에 제재를 받으면 강하게 반발한다. 신경이 억제되어 있으면 부정의식이 강해지기 때문이다. 아이들이 과잉행동장애를 겪는 것이나 공황장애를 갖게 되는 것도 그와 같은 원인에서 비롯되는 것이다.

과잉행동장애는 기~~~할 때 턱 떨림을 느끼고 뒤통수 떨림을 느끼는 것만으로도 교정 된다.

공황 장애의 경우는 좀 다르다. 그 같은 경우는 백회와 간뇌 사이에서 신경 억제 물질이 과도하게 분비되어서 생기는 것이다. 공황 장애는 무념주 호흡과 지읏 발성으로 치료한다.

아이들에게 될 수 있으면 부정적 표현을 하지 말아야 한다. '안 돼!' 하는 말이 수없이 쌓이면 그렇게 된다.

기역 발성을 통해서 아이의 신경상태나 장부 상태를 알아보려면 이처럼 떨림이 느껴지는 것만 확인해 보아도 된다.

3차신경과 안면신경은 교뇌에서부터 시작된다. 교뇌와 연수 그리고 중뇌 영역은 대부분의 신경 전달 물질이 만들어지는 곳이다. 때문에 교뇌 영역이 잘못 되면 신경 전달 물질의 생성이 원활하게 이루어지지 않는다. 그 결과로 전체적인 신경 전달체계에 문제가 생긴다. 들어오는 정보에 대한 인식이 부족한 것도 그와 같은 이유 때문이다.

학습은 밖에서 들어오는 정보와 내 안에 내장된 정보가 서로 만나도록 하는 것이다. 그런데 신경전달체계에 문제가 생기면 정보의 교환이 원활하게 이루어지지 않는다. 즉 학습의 조건이 전혀 안 갖추어진 상태라는 말이다. 그런 상태에서 억지로 공부를 시키는 것은 아이를 억압하는 행위이다. 학습의 효과도 나타나지 않을뿐더러 저항심만 키워진다. 그런 상태라면 먼저 치료를 받아야 한다.

과잉 행동장애를 치료했던 실제적인 예이다.
아침 한의원에서 있었던 일이다.
환자는 열 살된 초등학생, 이름은 한수(가명)이다.
첫날에는 잠시도 가만히 있지를 못했다. 눈을 감고 가만히 있어 보라 하니 잠시도 못 견디고 헉헉거린다. 학교생활도 정상적으로 이루어지지 못하고 집에서는 갑자기 광적으로 화를 내기도 한단다. 기역 발성을 시켰더니 30초도 못한다. 그것도 짧은소리로 격! 격! 하면서 뛰어다닌다. 이야기로 흥미를 끈 다음 기역 발성을 가르쳤다.

이튿날 기역 발성을 시켜보니 호흡이 상당히 길어져 있었다. 마음도 많이 차분해진 상태다. 그래서 니은 발성도 가르쳤다.

삼 일째에는 집에서 기역 발성을 연습했다며 자랑을 했다.
　발음도 매끄러워지고 눈빛도 안정되었다. 총 9일 동안 치료를 했다. 마지막 날 새로 들어온 아이와 공동수업을 했다. 그 아이도 과잉행동장애였다. 그 아이를 보고 한수가 말했다. '쟤 왜 저래요?'

　이번엔 다른 경우의 이야기이다.
　어느 날 이천에 사시는 처사님이 찾아왔다. 이천암자에 사시는 분인데 한글에 관한 얘기를 나누던 중에 과잉행동장애를 치료했던 사례에 대해 말해 주었다. 그 후 절에 돌아가서 신도들에게 그 이야기를 했다고 한다. 그 말을 들은 한 어머니가 자기 아들을 데려왔다. 아이를 앉혀 놓고 기역 발성을 시키려고 하니 죽어도 않겠다고 버티었다. 그래서 하는 수 없이 꼭 눌러 놓고 기역을 세 번 하면 놔준다고 해서 간신히 기역을 시켰다.
　그렇게 짧은 기역 세 번을 하고 집으로 돌아갔다. 그런데 이튿날 그 아이가 학교에서 시험을 봤는데 100점을 받아왔다. 한 번도 30점 이상을 받아본 적이 없는 아이였는데 어느 날 갑자기 100점을 받아왔으니 아이 엄마가 기적이 일어났다고 헐레벌떡 뛰어왔다.
　처사님은 그 이야기를 듣고도 믿어지지가 않았다. 설마 엎어놓고 기역 세 번 했다고 빵점이 백점이 되랴. 그래서 좀 더 두고 보자고 말했다.
　그 후 아이의 행동이 바뀌더니 그다음 시험에서는 80점을 받아 왔다. 나중에는 그 아이의 누나도 한글 명상을 배웠다.

그런 예들이 종종 있었다.

도대체 왜 그런 일이 일어날까?

그냥 장난하듯이 기~역 하고, 옛날 얘기 들으면서 기~역 몇 번 한 것 뿐인데 어떻게 해서 그런 기적 같은 효과가 나타날까?

결국엔 3차신경의 문제이다. 세균이나 바이러스의 공격을 받아 손상된 삼차신경이 기역발성으로 회복되는 것이다.

아이들이 이가 빠지기 시작하면 어른이 하는 말을 잘 안 듣는다고 한다.

그것이 바로 3차신경이 훼손돼서 나타나는 증상이다.

턱 떨림이 안 느껴졌을 때 떨림이 느껴질 만큼 기역 발성을 하면 3차신경이 교정된다.

뒤통수 떨림이 안 느껴지면 대뇌 후두엽과 교뇌 영역에 문제가 있는 것이다. 그런 상황에도 뒤통수 떨림이 느껴질 때까지 기역 발성을 해주면 그 영역들이 교정된다. 뒤통수 떨림이 잘 안 느껴질 때 그것을 교정하는 방법이 있다. 그것이 바로 '인법'이다. 엄지손가락을 양쪽 귀밑 풍지혈에 대고 검지손가락을 뒤통수의 아문혈에 댄다. 장지손가락은 옥침혈에 대고 약지 손가락은 후정혈에 댄다. 새끼손가락은 자연스럽게 떼어 놓는다.

그런 다음 기~~발성을 하면서 엄지손가락을 싶은 부위에 진동을 느끼고 뒤통수로 가서 검지, 장지, 약지의 진동을 차례대로 느낀다. 그렇게 하면 대부분의 사람이 진동을 느낀다. 그 상태로 한참 동안 발성을 하다 보면 어깨가 빠질 듯이 아파오고 손가락 끝이 시리면서 아프다. 이는 대뇌 후두엽과 소뇌, 그리고 연수, 교뇌, 중뇌 영역에서 빠져나오는 냉기가 손가락을 통해 팔 쪽으로 역으로 유입되었기 때문에 생기는 증상이다. 이때 빠져나오는 냉기가 어마어마하다. 설마 내 머릿속에 이 정도의 냉기가 있었겠는가 싶을 정도로 무지막지하게 쏟아져 나온다. 팔이 아프면 그때는 손을 떼고 기억 발성을 한다. 그러다가 팔이 가벼워지면 그때 손 모양을 지어서 다시 기억 발성을 한다.

머릿속이 그와 같은 냉기로 절어 있으면 뇌세포의 활동성이 둔화되고 신경전달체계가 원활하게 이루어지지 못한다. 또한, 혈관이 수축되고 혈행이 원활하게 이루어지지 못해 중풍이나 치매 등, 각종 뇌질환이 생길 수도 있다. 그래서 머릿속 냉기를 제거해 주는 것이 대단히 중요하다. 기억 발성을 그와 같은 방법으로 하게 되면 뒤통수 쪽에 쌓여 있던 냉기는 원활하게 제거된다.

머릿속 떨림이 안 느껴진다면 간뇌가 갖고 있는 미세감각의 센서가 망가진 것이다. 그렇게 되면 자율신경에 대한 조절력이 상실된다.

손바닥에서 땀이 나는 다한증이나 오줌싸게 야뇨증도 자율신경의 조절능력이 저하된 데에서 오는 증상이다.

머릿속 떨림이 안 느껴질 때에도 기억 인법을 한 다음에 발성한다. 그러면서 넷째 손가락을 짚은 부위에서 일어나는 진동을 간뇌까지 유도해 간다.

가슴 떨림이 안 느껴진다면 심폐로 들어가는 미주신경이 약화된 것이다. 이때에는 턱의 떨림을 가슴 쪽으로 유도해 오면서 가슴에 감각을 살려낸다.

배 떨림이 안 느껴진다면 소장, 대장 쪽으로 가는 미주신경이 약화된 것이다. 이때에는 가슴 떨림을 유도해서 배 쪽 감각을 살려낸다.

심폐 미주신경이 약화된 경우에는 호흡기 장애가 있다.

무호흡증이 생길 수도 있고 기관지나 폐 쪽에 항상 질병을 안고 있다.

발성 하면서 진동이 안 느껴지는 것은 그 영역의 신경이 훼손된 것이다. 그래서 그와 연관된 질병들을 갖게 된다.

배 쪽에서 진동이 안 느껴지면 소화기 계통이 잘못된 것이다.

발성의 경로가 안 느껴질 때는 반드시 위에서부터 잡아주고 점차 내려와야 한다.

가끔 귀밑 풍지혈에 댄 엄지손가락의 진동이 안 느껴지는 경우가 있다. 그럴 때는 잘 안 느껴지는 쪽의 엄지손가락에 약간 힘을 주고 누른 다음 발성을 하면 진동이 느껴진다.

아플 때 그 부위에 손을 대는 것은 본능적인 행동이다. 즉 본능적으로 자가 치료를 하는 것이다. 감각이 느껴진다는 것 자체가 신경 전달 체계가 살아난 것이다.

그냥은 안 느껴져도 손을 대면 느껴진다. 나중에는 손을 대지 않아도 느껴지게 된다. 기역 발성 하나만 갖고도 진단하고 교정 할 수 있는 범위가 상당히 넓다.

- 니은 발성법

 니은 발성은 두 가지가 있다. 하나는 미심을 울려주는 니은이고, 또 하나는 뒤통수를 울려주는 니은이다.

 미심 니은

 미심 니은은 혀끝의 진동을 활용한다. 혀의 끝 부분을 입천장 가까이에 대고,
 니~~하고 발성한다.
 이때 혀끝이 입천장에 닿으면 안 된다.
 입천장의 떨림이 느껴지면 그 느낌을 미심으로 유도해 간다.
 그런 다음 미심 떨림을 느껴본다.
 미심 안쪽에 비공이 있다. 미심 떨림이 공고해 지면 비공 울림이 느껴진다. 그렇게 되면 비공을 울림판으로 해서 니은의 진동을 더욱 더 활성화 시킨다.
 미심 부위는 입천장에서부터 올라간 3차신경이 코 밑을 통해서 상악골 옆쪽으로 해서 큰 눈썹 안쪽으로 나온 자리이다.
 그래서 니~~하고 입천장에다 진동을 주면 미심 신경이 같이 진동한다.

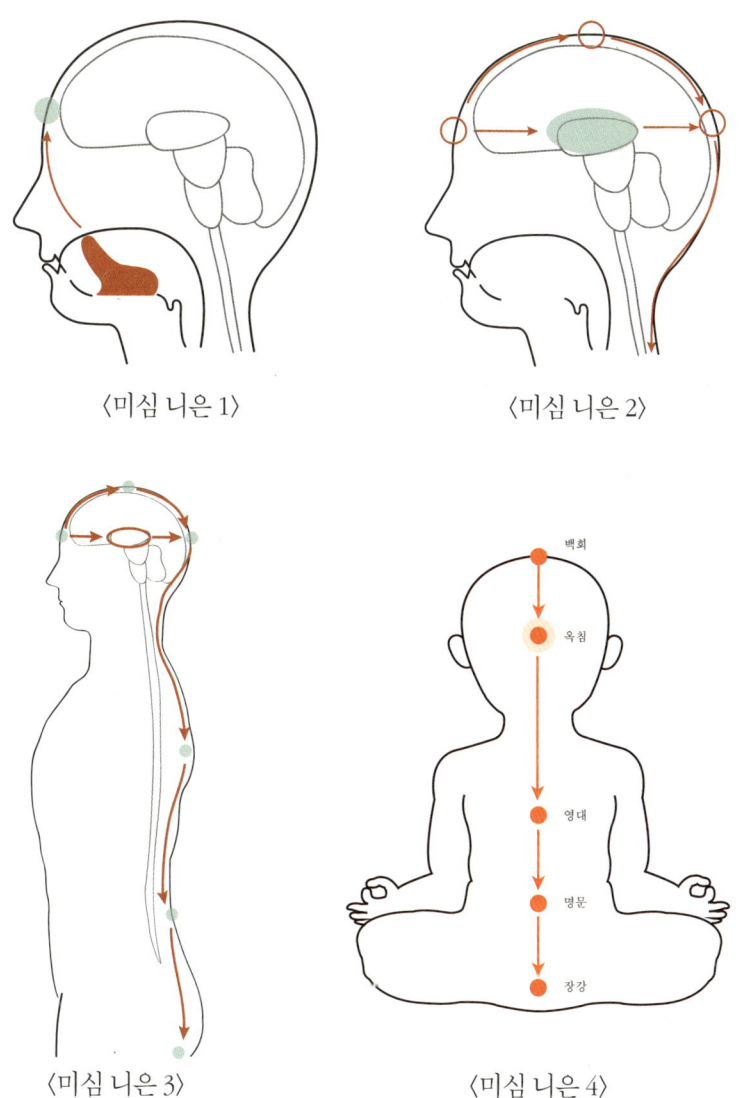

〈미심 니은 1〉 〈미심 니은 2〉

〈미심 니은 3〉 〈미심 니은 4〉

미심 진동이 안 느껴지면 몇 가지 문제가 있는 것이다.

1) 입천장에 3차신경이 훼손된 것이다.

2) 미심으로 이어지는 3차신경 분지, 곧 안신경에 이상이 있는 것이다. 이렇게 되면 눈이 뻑뻑해지고 피로해진다.

시력도 자꾸 나빠진다.

미심의 안신경 종말이 훼손되는 이유가 있다.

방광이 안 좋아져서 그런 것이다.

방광이 나빠져서 냉기가 표출되면 그 냉기가 다리 쪽으로 빠져나가야 한다.

그런데 적핵 척수로 쪽에서 이상이 오면 방광의 냉기가 다리 쪽으로 빠져나가질 못하고 머리로 올라간다. 방광경이 끝나는 자리가 위 눈썹이 시작되는 자리이다.

그 자리가 3차신경의 안신경이 끝나는 자리이다. 방광에서 빠져나오는 냉기가 방광경을 타고 그곳으로 올라온다. 그러면 비공이 냉해진다. 비공은 외부에서 들어오는 공기 온도를 조절해 주는 자리이다.

비공에서 체온에 맞게 조절된 공기가 폐로 들어가는 것이다.

그런데 방광의 냉기가 미심으로 올라와서 비공이 냉해지면 그 기능이 마비된다.

그렇게 되면 폐에 차가운 공기가 유입되면서 폐가 수축된다.

그러면서 심장도 같이 안 좋아진다.

심폐가 수축되면 슬픔이 생겨난다.

비염이나 축농증, 알레르기나 아토피 같은 질병들이 이런 경로로 생겨난다.

니~~은! 해서 미심 진동이 안 느껴지면 그와 같은 질병들이 생길 수 있다.

뇌하수체에 이상이 있는 경우에도 니은 발성이 제대로 안 나온다.

◆ 방광에 냉기가 생기는 이유

방광에 냉기가 생기는 것은 여러 가지 원인이 있다.

그 중 몇 가지만 소개해보겠다.

오줌을 너무 오랫동안 참아도 방광에 냉기가 생긴다.

망상체 영역이 경직되어서 신경전달물질이 원활하게 생성되지 않아도 방광이 안좋아진다. 이 같은 경우는 방광으로 들어가는 부교감 신경 체계가 원활하게 작동하지 못해서 생기는 일이다. 그런 경우에는 대소변을 절제할 수 있는 기능이 떨어진다. 그러면서 교감신경이 항진된다.

그 상황이 지속되면 자율신경의 균형이 점점 더 깨어지면서 장부의 조절능력이 상실된다. 그 과정에서 방광이 더욱더 나빠진다.

바이러스의 공격을 받아서 꼬리뼈 영역의 부교감신경이 훼손되면 방광이 나빠진다.

외부의식이 침해해도 방광이 나빠진다.

외부의식이 들어오는 경로 중의 하나가 꼬리뼈이다. 그 부위로 외부의식이 들어오면 냉기가 누적된다.

그때 그쪽 부위에 신경전달 체계가 둔화되면서 방광이 나빠진다. 아이 때에는 그런 현상이 빈번하게 일어난다.

외부의식이 남겨 놓고 간 냉기가 면역체계에 이상을 주어서 생기는 질병 중의 하나가 아토피이다.

그런 질환이 있는 경우에는 미심 니은이 잘 안 된다.

미심 니은을 제대로 하면 그런 질병들이 치료된다.

축농증이나 아토피, 비염 등을 치료할 때에는 미심 니은을 같이 해주면 좋다.

미심 니은의 경로

1) 혀끝의 떨림으로 미심을 울려준다.
2) 미심 울림과 비강의 울림을 함께 인식한다.
3) 비강의 울림을 간뇌로 끌고 간다.
4) 간뇌의 울림을 옥침으로 연결한다.
5) 옥침의 떨림을 목선을 따라서 척추로 이끌어 간다.
6) 척추의 진동을 꼬리뼈 끝까지 내린다.

미심에서부터 꼬리뼈 끝까지 각각의 기점에서 정확하게 진동이 느껴져야 한다. 만약 진동이 안 느껴지는 부분이 있다면 그 부분의 감각신경이 훼손된 것이다.

등 쪽 진동이 잘 안 느껴지면 등을 약간 구부린 상태에서 발성 한다. 배 힘을 빼고 고개를 약간 숙인다.

기역보다 숨이 짧은 경우는 미주신경보다 교감신경 쪽이 약하다는 것이다.

그런 사람은 몸이 기본적으로 차갑다.

어깨 쪽에서 차가운 느낌이 나는 것은 경추 6번이나 7번 쪽에 부담이 있기 때문이다. 그 부위의 신경에 이상이 생기면 그런 증상이 나타난다.

꼬리뼈 쪽에 진동이 안 느껴지는 것은 그 부위의 부교감신경이 음화 되어 있기 때문이다.

그런 경우에는 직장, 방광, 성선 쪽에서 이상이 생긴다.

성격도 조급하고 까다로워진다.

흉추 4번, 5번, 6번은 심장, 간, 위장에 해당하는 부위이다.

그 부위에서 진동이 안 느껴지면 해당되는 장부가 안 좋은 것이다.

그런 경우에도 미심 니은을 통해 개선할 수 있다.

후두 니은

미심 니은 혀의 앞쪽을 활용해서 발성을 했지만
후두 니은 혀의 뒤쪽을 활용한다.

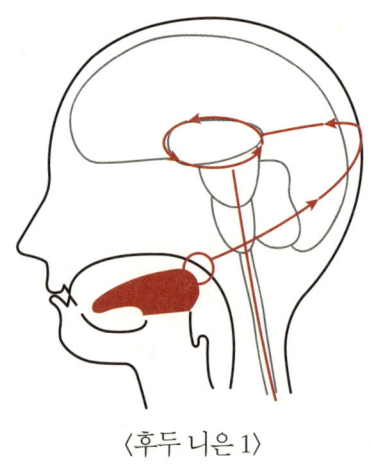

〈후두 니은 1〉

후두 니은을 할 때는 니~~한 다음에 은! 하고 발성이 딱 끊어져야 한다.
　만약 그렇게 되지 않으면 연수의 언어 중추와 뇌하수체의 호르몬 분비체계에 이상이 있는 것이다.
　니~~하고 은! 의 연결이 매끈하지 않은 경우도 있다. 부드럽게 이어져서 정확하게 끊어져야 하는데 그게 잘 안 되는 것이다. 이런 경우는 혀뿌리의 힘과 혀끝의 힘이 원활하게 연결되지 않는 것이다.

혀뿌리는 송과체 영역이고 혀끝은 뇌하수체 영역이다.

발성할 때 매끄럽게 연결되지 못하고 원하는 시점에서 끊어지지 않는 경우가 그 때문에 생긴다.

그런 증상을 갖고 있는 분들이 여성이라면 자궁 쪽 질환들이 많이 생긴다. 생리통은 기본적으로 갖고 있고 근종이나 물혹 등 다양한 질병들이 생기게 된다. 생리통이 심할 때는 니은 발성의 경로만 떠올려도 통증이 사라진다.

후두 니은의 경로

미심 니은과 후두 니은은 같이 해줘야 한다.

후두 니은은 혀뿌리를 활용해서 연수를 자극하고 소뇌를 거쳐서

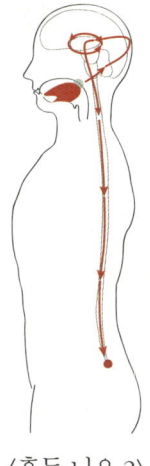

〈후두 니은 2〉

대뇌 후두엽을 자극하고 후정혈에서 간뇌로 들어가서 중뇌 교뇌 연수를 거쳐 척수로 내려와서 황정이 울리도록 발성을 하는 것이다.

미심 니은은 척수의 후섬유단을 자극하는 발성법이고 후두 니은은 척수의 측면과 배 쪽을 자극하는 발성법이다.

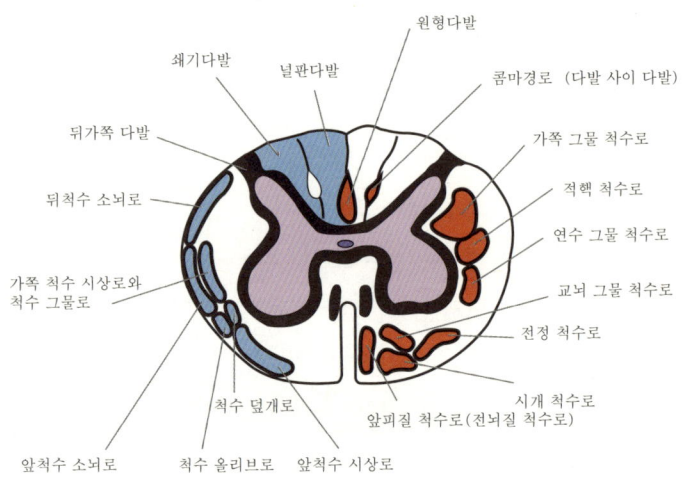

〈척수의 주 신경 경로〉

후섬유단은 추체로의 오름 경로이고 측면과 배 쪽은 내림 경로이다.

머리의 정보는 척수의 앞쪽과 왼쪽 측면을 통해서 척수로 내려가고 척수와 장부, 말초신경의 정보는 척수의 뒤쪽과 오른쪽 측면을 따라서 머리로 올라간다.

니은 발성을 할 때에도 바이브레이션이 들어가지 않아야 한다. 의도하지 않아도 바이브레이션이 생기는 것은 연수 영역의 호흡중추가 억제되어 있기 때문이다.

외부의식이 교뇌나 연수영역에 접해져 있어도 그와 같은 현상이 나타나고 바이러스에 공격을 받아서 훼손되었을 때도 그와 같은 현상이 나타난다.

니은 발성할 때 등 쪽에서 냉기가 나오는 것은 교감신경이 둔화되어 있는 것이다.

집중력이 없고 잔병치레를 하고 편식을 하는 것은 장부균형과 신경균형이 깨졌기 때문이다. 그런데 그런 상황을 검사하는 방법을 모른다. 자음 발성을 활용한 진단체계는 아이들의 그런 상태를 검사할 수 있는 획기적인 프로그램이다.

수줍어하고 자기표현을 잘 못 하는 아이들은 간 비장의 균형이 깨어서 있고 부교감신경의 기능이 저하되어 있다.

아세틸콜린의 분비가 원활하게 이루어지고 간 비장의 균형이 잡히면 의지가 강해진다.

미음 발성을 통해 간 비장의 균형을 잡고 자음 발성 전체를 통해 아세틸콜린의 분비를 촉진시킨다.

교뇌·연수 영역에서 신경 전달 물질이 원활하게 생성되지 못하면 피곤함이 생긴다.

- 디근 발성법

디근 발성은 혀끝을 활용한 발성법이다.

혀끝을 윗 이빨 뒤쪽에 살짝 댄 뒤에 짧고 강하게 디근! 하고 발성한다.

이때 혀끝에 힘이 잘 안 들어가면 심장이 안 좋은 것이다. 혀를 윗 이빨 왼쪽 송곳니에 살짝 댔다가 떼면서 디근! 하고 짧게 발성한다.

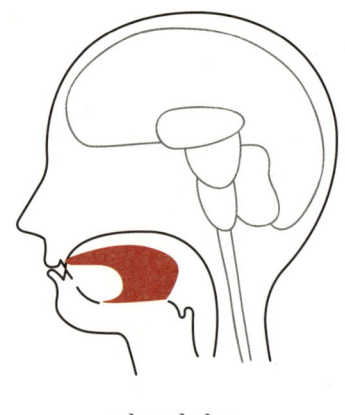

〈디근 발성 1〉

그다음 똑같은 방법으로 오른쪽 송곳니에 댔다가 떼면서 디근! 하고 발성한다. 그때 혀끝에 힘이 잘 들어가는 쪽이 있다면 그쪽에 해당되는 장부가 안 좋은 것이다. 혀의 오른쪽 신경은 폐에 해당되고 왼쪽 신경은 심장에 해당한다.

혀 신경은 장부가 안 좋은 쪽으로 경직되어 있다.

그래서 발성을 할 때 안 좋은 쪽에 힘이 실린다.

아프기 전에는 심장이 안 좋은지 폐가 안 좋은지 잘 모른다.

디근을 시켜보면 아프기 전에도 어느 부위가 안 좋은지를 판단할 수 있다.

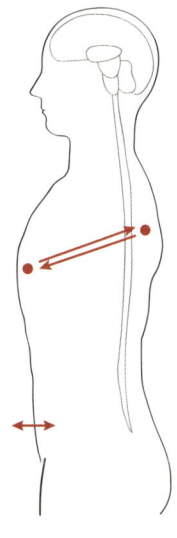

〈디근 발성 2〉

처음에 검사만 할 때는 가볍게 디귿을 시켜본다.

그래서 어느 쪽 발음이 잘 안 되는지 살펴본다. 중간발음이 안 되면 심장이 나쁜 것이다. 좌우 발음을 시켰을 때 좌측에 힘이 없으면 폐가 안 좋은 것이고 반대로 우측에 힘이 없으면 심장이 안 좋은 것이다.

심폐를 교정할 때는 호흡을 아랫배까지 깊이 들이쉬고 끊은 다음에 디귿! 하고 강력하게 발성한다. 그러면서 아랫배 튕겨짐, 앞가슴 울림, 영대 울림, 그리고 영대 쪽 울림이 가슴 쪽으로 다시 되돌아오는 여운을 느낀다.

영대 쪽 울림이 가슴 쪽으로 들어오는 여운이 느껴지면 교감신경의 기능이 살아난 것이다. 앞가슴의 진동이 느껴진다면 미주신경이 활성화된 것이다.

혀끝에 힘이 들어가면 심장이 정상으로 돌아온 것이다.

양쪽 송곳니에 혀끝을 대고 발성하는 것이 균등하게 이루어지면 심장과 폐의 균형이 회복된 것이다.

디귿을 지근~ 이렇게 발음하는 사람은 심폐가 많이 안 좋은 것이다.

- 미음 발성법

미음 발성은 입술 떨림을 활용한 발성이다.
미~~하고 길게 발성해 본다.
그러면서 입술 꼬리의 진동을 느껴본다.
그 다음엔 양쪽 볼 옆으로 타고 가면서 진동을 느껴본다.

〈미음 발성 1〉

입술 꼬리 진동이 안 느껴지면 안면신경에 이상이 있는 것이고 볼 때기 진동이 안 느껴지면 뇌혈관이 막힌 것이다.
그런 경우에는 진동이 안 느껴지는 쪽의 이빨, 코, 눈, 귀 등에 질병이 생긴다.

미음 발성을 통해 그런 증상들을 교정할 수 있다.

진동이 안 느껴지는 쪽 볼때기에 손바닥을 댄다. 양쪽 다 안 느껴지면 양손으로 볼때기를 살포시 감싼다. 그리고 길게 미~ 발성을 해 준다. 그렇게 미 발성을 하면서 입술 꼬리 진동과 볼때기 진동이 느껴지면 안면신경과 뇌혈관이 교정된 것이다.

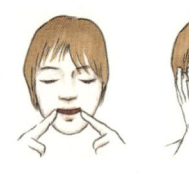 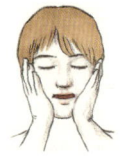 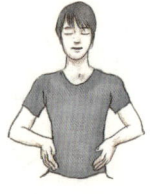 

〈미음 발성 교정법〉

입술 꼬리와 볼 진동이 잘 느껴지면 이번에는 미~~하고 길게 발성하면서 양쪽 측두엽 쪽에 떨림을 느껴본다.

양쪽 진동이 다 느껴지지 않으면 이미 건망증이 심하게 온 것이고 치매가 올 가능성이 있다.

아이들이 그런 경우라면 좌뇌·우뇌 쪽의 피질 세포들이 죽어 있는 것이다. 그런 상태에서 학습하게 되면 집중도 안 되고 기억도 안 된다.

측두엽을 교정할 때는 양 손가락 끝을 살포시 측두엽에 올려놓고 미음 발성을 한다. 그러면서 손끝이 맞닿아 있는 측두엽의 진동을 느껴 본다. 점차로 진동이 느껴지면서 측두엽이 교정된다.

측두엽의 진동이 원활하게 느껴지면 이번에는 양쪽 옆구리 진동을 느껴본다. 같은 방법으로 길게 미 발성을 하면서 양쪽 옆구리 상태를 살펴보는 것이다. 옆구리 진동이 안 느껴지면 그 부위의 감각신경이 훼손 된 것이다. 이는 간과 비장에서 나오는 냉기가 원인이다. 때로는 통증이 느껴지기도 한다. 뻐근한 느낌으로 통증이 느껴지는데 이런 경우도 간과 비장에 문제가 생긴 것이다.

이렇게 되면 어른 같은 경우는 피질 세포의 재생이 원활하게 이루어지지 못해서 건망증이나 치매가 올 수 있다. 아이들 같은 경우는 정서적으로 불안정한 상태가 된다.

옆구리 진동이 안 느껴질 때는 양쪽 손바닥을 양쪽 옆구리에 댄다. 그런 다음 미음 발성을 한다. 그 상태를 반복하다 보면 옆구리 진동이 살아난다.

모든 경로에서 진동이 원활하게 느껴지면 다음과 같은 순서대로 미음발성을 해본다.

1) 무념주로 숨을 간뇌까지 들이쉬고
2) 입술 꼬리 진동을 교뇌까지 끌고 가고
3) 교뇌에서 몽롱한 의식이 생겨났을 때, 미주신경의 경로를 따라서 옆구리로 끌고 와서 간·비장을 울려 주고
4) 옆구리 진동을 양쪽 측두엽으로 끌고 가고

5) 그리고 난 뒤에 음! 하고 입술을 닫아준다.

이 과정을 모두 한 호흡에 할 수 있도록 숙달시켜야 한다.
검사할 때는 부위별로 따로따로 하지만 교정을 할 때는 한 호흡으로 연결해서 해야 한다.

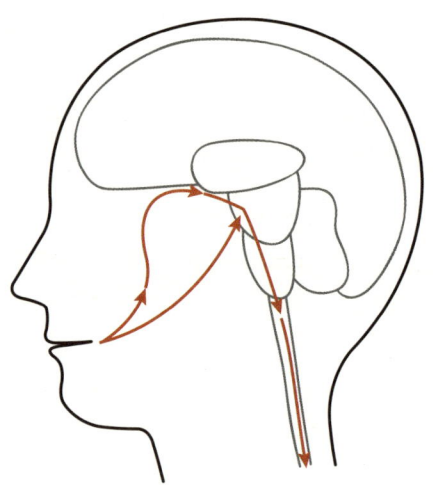

〈미음 발성 2〉

비장이 하는 역할이 있다.
1) 세포의 문을 여는 단백질을 생성한다.
2) 근육의 형성과 근육 운동에 관여한다.
3) 췌장을 활용해서 소화액을 만들고 분비한다.
4) 면역성을 담당한다.
5) 몸의 온도를 조절한다.
6) 촉각 활동에 관여한다.

간 비장의 균형이 깨어지면 비장의 역할들이 원활하게 이루어지지 못한다.

생각을 잘 못하게 되고 근육의 힘이 약해지고 소화력 떨어지고 온도 조절이 안 되고 촉각에 과민하게 되는 것이다.

생각을 잘 못한다는 것은 신경 세포들이 침체되어 있는 것이다. 세포활동이 둔화되면 외부정보를 받아들이려고 하지 않기 때문에 짜증이 나고 귀찮아진다.

대부분의 부모님은 자녀의 장부와 신경이 어떤 상태인지 잘 알지 못한다.

그것을 검사할 방법이 없기 때문이다. 하지만 자음 발성을 해보면 그 상태를 알 수가 있다. 그러면서 교정도 함께한다.

자음 발성을 활용한 진단체계를 적용해서 아이의 상태를 정확하게 진단할 수 있다면 아이로 하여금 최적의 학습을 할 수 있는 조건을 만들어 줄 수 있다.

그렇게 되면 짧은 노력으로도 많은 성취를 이루게 된다.

뇌 균형이 깨어져 있으면 기존에 갖고 있던 지식기반과 외부에서 들어오는 정보가 서로 만나지 못한다. 아무리 천재라고 해도 그런 상황에서는 공부가 되지 않는다. 그러다 보니 편협되기 시작한다.

즐겁고 재밌고 잘되는 것만 추구해서 결국엔 통합적 사고를 할 수 없게 된다.

미음 발성을 마무리할 때는 가슴에서 음! 하고 짧게 발음한다.

호흡이 짧으면 기역 니은 발성을 많이 해준다.

- 비읍 발성법

미음 발성은 입술을 댔다가 살짝 떼면서 미~~하고 발성하고 비발성은 입술을 댔다가 튕겨 내듯이 떼면서 비~~하고 발성한다.

〈비읍 발성 1〉

그다음에 입술 꼬리를 타고 안면신경과 삼차신경의 경로를 따라 교뇌로 들어간다. 교뇌에서는 목 줄기를 타고 어깨로 내려간다. 어깨에서 양 팔로 내려가는 진동을 느껴보고 다시 어깨에서 양쪽 등줄기를 타고 신장까지 내려간다.

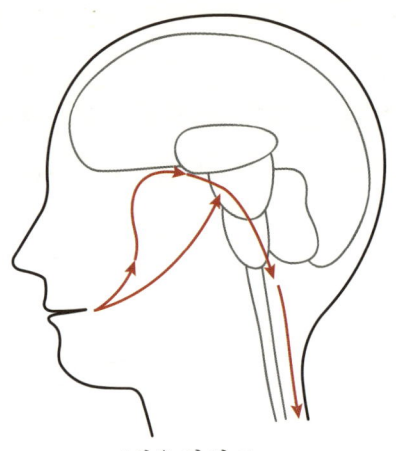

〈비읍 발성 2〉

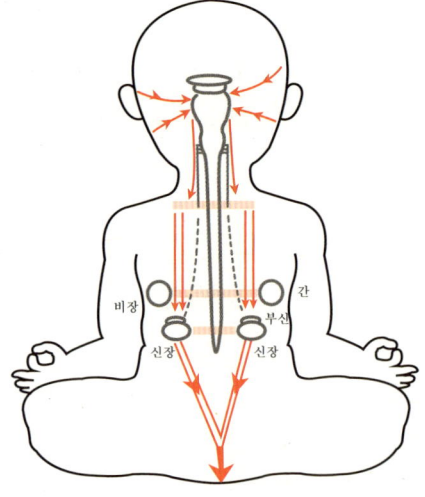

〈비읍 발성 3〉

어깨에서 등줄기를 타고 발성의 진동이 신장으로 내려올 때, 양쪽 어깨를 걸치고 있던 작대기가 등줄기를 타고 내려온다고 상상한다. 신장의 중추점은 흉추 11번째 마디이다. 그 자리까지 작대기가 내려온다. 작대기가 신장의 중추점에 걸리면 비~~의 진동으로 양쪽 신장이 울리는 것을 지켜본다. 그러다가 호흡에 여유가 있으면 양쪽 신장의 진동을 꼬리뼈에서 만나도록 하고 꼬리뼈 끝으로 진동이 빠져나가도록 한다.

끝날 때는 읍! 하고 짧게 끊어준다. 읍! 하면서는 옆구리를 조이면서 췌장하고 담을 연결해준다고 생각한다.

신장이 안 좋은 사람은 비읍 발성 자체가 안 된다.

비~~ 하다가 발성이 딱 끊어진다.

비 소리가 안 나오면 신장 자리에다 손등을 얹어놓고 하면 된다. 뒷짐 진 상태에서 비 발성을 시키는 것이다.

신장이 어떤 상태 인지 비 발성을 해보기 전에는 알 수가 없다.

신장이 안 좋은 사람들은 만성적인 피로에 시달린다.

만성 피로가 누적되면 최악의 경우 신부전증이 된다.

감정적으로는 외로움이 많다. 가슴은 진정이 안 되고 항상 설렘이 있다.

비~~할 때 바이브레이션이 일어나도 신장이 안 좋은 것이다.

비읍 발성을 통해 교뇌와 연수 쪽에 걸려 있는 과부하들을 어깨로 해서 팔 쪽으로 빼낼 수 있다. 어깨 아픈 것도 같은 방법으로 해소한다.

비~~ 진동을 꼬리뼈 끝까지 끌고 가서 땅속으로 들어간다고 생각하면 꼬리뼈 쪽의 탁기들이 빠져나간다.

신장이 두 개인 이유는 간과 비장의 균형을 유지하기 위해서다. 그래서 비 발성으로 신장이 치유되면 간과 비장의 균형이 더욱더 공고해진다.

비 발성도 마무리할 때는 읍! 하고 짧게 끊어 준다.

읍! 할 때는 옆구리를 조여주면서 간 비장을 함께 자극해 준다.

그렇게 되면 췌장과 담이 함께 자극받아서 소화기능이 좋아진다.

기역, 니은, 디귿, 미음, 비읍.

이 자음들은 자율신경의 상태와 장부 상태를 더불어서 진단할 수 있는 방법이다.

때문에 이 자음들만 활용해도 아이의 상태를 진단하고 교정할 수 있고 나아가서는 최적의 학습조건을 갖춰 줄 수 있다.

나중에 이응이나 지읒, 키읔이나 티읕, 히읗이나 피읖 등을 배우게 되면 중추신경을 영역별로 자극해서 아이의 학습 역량을 더욱더 향상시켜줄 수 있다.

- 근기에 따른 자음 발성 세팅법

교뇌·연수가 경직되어서 신경전달물질의 생성이 원활하게 이루어지지 않으면 그때에는 무념주 호흡을 하면서 기역 발성과 니은 발성을 해줘야 한다.

호흡과 자음 발성이 같이 병행되면 세타파에 들어가는 속도가 비약적으로 빨라진다. 그 과정에서 뇌세포의 활동이 활성화된다.

무념주 호흡으로 신경 억제 물질을 분비해서 뇌세포를 억제했다가 발성으로 뇌세포를 자극해서 억제를 풀어주면 그때 뇌세포가 갖고 있는 정보들이 대뇌 연합령 쪽으로 재방출 된다. 그래서 안 떠오르던 기억도 떠오르게 된다.

예전에 풀어본 문제인데도 생각이 나지 않아서 못 푸는 수학문제가 있다. 그런 경우 무념주 호흡만 시켜도 그 문제를 풀 수 있게 된다.

중학교 1학년에 다니는 아이가 있었다. 시험을 보면 어떤 과목이던 80점 이상 맞은 적이 없던 아이였다. 50점 맞고도 엄청나게 잘 맞았다고 자랑하고 항상 20점, 30점 수준이었다. 초등학교 때 중학교 수학까지 다 풀었을 정도인데도 왜 시험을 못 보느냐고 물었더니 공부를 안 하기도 했지만, 시간이 없어서 못 푼다는 것이다. 시험 보는 속도가 느린 것이다. 저 혼자 풀라고 하면 다 풀 수 있다고 했다. 그래서 무념주 호흡과 문자관을 가르쳤다. 그랬더니 그 뒤로 수학시험에서 한 문제만 틀려서 왔다. 시험지를 앞에 놓고 무념주 호흡을 했더니 문제를 어떻게 풀어야 할지 그 방향이 보이더라는 것이다.

신경전환이 빨리 이루어져서 그렇게 된 것이다. 그런 기법들이 순발력이 부족한 아이들에게는 아주 유용하게 쓰일수 있다.

그런 역량을 더욱더 키워 주려면 좀 더 오랜 시간 동안 세타파에 머물 수 있는 조건을 만들어 주면 된다. 그러려면 발성과 무념주 호흡을 꾸준하게 시켜야 한다. 그때에 갖추게 되는 인식체계나 기억체계나 표현체계는 일반 베타파 상태와는 차원이 다르다.

그런 조건을 만들어 주는 것은 기억 발성으로 해도 되고 니은 발성으로 해도 된다. 다만 아이의 몸 상태에 맞게 세팅해 줄 수 있어야 한다.

그러려면 우선 아이를 진단할 수 있어야 한다.

그때 쓰여 지는 것이 자음 발성 진단법이다.

그 결과를 놓고서 이 아이에게 어떤 세팅을 해 줄 것인가를 알아야 한다. 호흡세팅이 있고 자음 발성 세팅이 있고 세타파나 알파파나 베타파 단계의 세팅이 있다.

아이의 상태에 맞게 세팅해서 해결책을 제시해주고 그걸 통해 가장 빠른 시간 안에 효과를 볼 수 있도록 유도해 가야 한다. 그러려면 자음 발성에 대한 기본 원리를 숙지하고, 진단할 때 발성을 시키면서 정확하게 발성이 되는지 안 되는지를 구분할 수 있는 안목이 있어야 한다. 만약 발성이 제대로 안 된다면 그런 경우에는 어디가 안 좋지를 파악해서 그것을 교정해 줄 수 있는 방향을 제시해 줘야 한다.

- 리을 발성법

　리을 발성은 리~~발성과 을~~발성으로 나누어져 있다.
　혀를 감아서 입천장에 붙인 다음 부드럽게 풀면서 리~~ 하고 길게 발음한다.
　그런 다음 혀끝을 다시 입천장에 붙이고 을~~하고 길게 발음한다. 이것을 호흡을 내쉬면서 한 호흡에 한다.

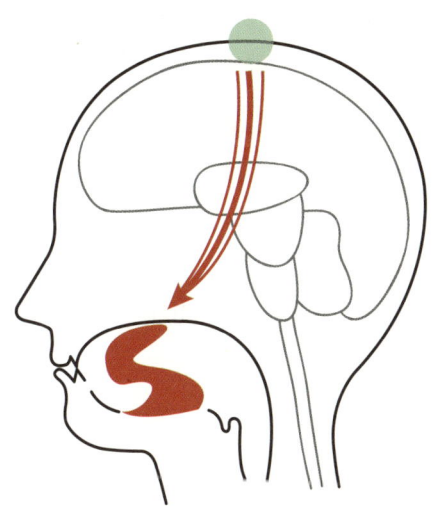

〈리을 발성 1〉

'리' 발성을 할 때는 배를 들이밀면서 하고,
'을' 발성을 할 때는 배를 내밀면서 한다.
'리' 발성을 할 때는 배가 최대한 빨리 들어가도록 해준다.
그리고 을 할 때는 배를 천천히 내밀면서 한다.
'리' 는 을보다 약간 짧게 발성한다. 리는 2, 을은 3 정도의 비율이다.
'리' 발성을 할 때는 아랫배가 울리는 것을 느끼면서 회음이 진동하는 것을 느낄 수 있어야 한다. '리' 의 경로가 혀끝에서 회음

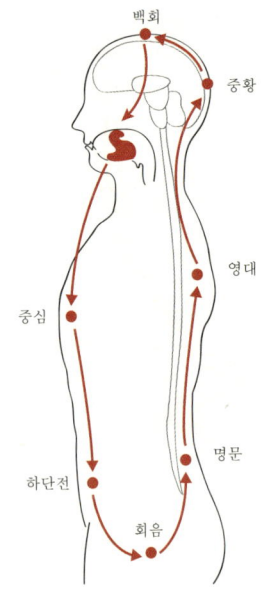

〈리을 발성 2〉

까지이다.

'을'의 진동은 회음에서부터 꼬리뼈를 타고 백회까지 올라가도록 해야 한다.

한 호흡에 리 발성과 을 발성을 한 다음에 그다음 호흡을 들이쉴 때에는 백회에서부터 혀까지 숨을 빨아들인다.

무념주로 들이쉬어서 입천장에 말아 붙인 혀까지 숨을 끌어내리는 것이다.

그런 다음 혀를 풀어 내리면서 리 발성으로 임맥을 통해 회음까지 울린다.

회음 진동이 느껴지면, 그때 혀끝을 입천장에 붙이고 지긋이 힘을 주면서 을 발성을 한다. 이때는 혀끝을 똑바로 편 채로 윗 이빨 뒤쪽에 붙인다.

이때 배는 내미는 상태, 진동의 인식은 회음에서 척추를 타고 백회까지 느낀다.

호흡의 길이는 리가 2, 을이 3이 되도록 한다.

이런 방법으로 리와 을을 반복하다 보면 백회와 회음이 통으로 연결된다.

그러면 리을이 완성된 것이다.

리을을 하면서 살펴봐야 할 것이 있다.

첫째로 혀의 풀림이다. 리~~하고 발성할 때 혀가 입의 중간에서 잘 풀리는가? 아니면 좌측 우측 어느 쪽으로 치우쳐 있는가를 살펴본다.

경직된 쪽으로 잘 안 풀어진다. 그쪽이 안 좋은 쪽이다.

디근에서 심폐 균형이 잡히지 않았으면 리을이 잘 되지 않는다.

또 미음에서 간·비장 균형이 잡혀 있지 않으면 리가 잘 내려오지 않는다.

혀가 풀어지면서 오른쪽으로 쏠리면 그쪽이 잘 풀어진다는 것이다. 그런 경우에는 경직된 쪽이 왼쪽이다. 심장이 안 좋은 것이다.

디근은 잘되는 쪽이 나쁜 쪽이고 리을은 안 풀어지는 쪽이 나쁜 것이다.

눈을 감고서 리~을~발성을 했을 때 혀가 비뚤어지게 풀어지면 리을의 경로가 기울어진것처럼 느껴진다. 그러면 몸이 기울어진것 같은 느낌이 들어서 자기도 모르게 반대쪽으로 힘을 주게 된다. 그런 사람은 평소에도 그런 자세를 유지한다. 그러다 보면 척추측만증이 생긴다. 척추측만증은 심장과 폐, 간과 비장, 그리고 신장의 균형이 깨져서 생기는 것이다.

리을 발성으로 검사하고 척수로 운동(엄지발가락 운동)과 디근 발성, 미음 발성, 비읍 발성을 병행하게 되면 웬만한 측만증은 다 교정된다.

심폐 균형이 깨어졌을 때 오른쪽 폐가 안 좋으면 그 부위에서 나온 냉기가 흉추 세네 번째 마디의 오른쪽 근육들을 경직시킨다. 그렇게 되면 그 부위에 흉추들이 오른쪽으로 당겨진다. 그러면 몸이 왼쪽으로 기울게 된다. 왼쪽으로 기운 몸을 전정 척수로가 인식하면 오른쪽으로 세워서 균형을 맞추게 된다.

간이 나쁠 때는 흉추 여섯 번째 마디 오른쪽에서 똑같은 일이 벌어지고 오른쪽 신장이 안 좋을 때는 흉추 열한 번째 마디 오른쪽에서 똑같은 일이 일어난다. 그렇게 되면 적핵 척수로가 가동되면서 몸의 구조를 그 상태로 고정시켜 버린다. 그 결과 척추측만증이 생긴다.
척추측만증을 교정 할때는 발성으로 장부균형을 잡아주고 척수로 운동을 통해 신경과 근육 힘줄 균형을 잡아줘야 한다.
선천적인 것도 교정이 가능하다. 뇌성마비도 눈에 띌 만큼 교정된다.
오자 다리 같은 경우는 발가락 운동으로 교정할 수 있다.
발의 아치 뼈와 아치 근육의 상태가 교정되면서 오자 다리가 교정된다.

혀가 풀어지는 상태를 교정했으면 그다음엔 임맥 라인의 진동을 느껴본다. 혓바닥에서부터 가슴 정중앙 선을 따라 회음까지 내려가는 것이 임맥 라인이다. 리~~하고 길게 발성하면서 임맥 라인의 진동이 잘 느껴지는지 살펴본다.
이때 임맥의 경로가 삐딱하게 느껴지면 안 된다.
발성의 경로가 기우는 것처럼 느껴질 때는 어느 부위가 그렇게 느껴지는지를 관찰한다. 심장부위에서 기우는가, 간·비장 부근에서 기우는가 아니면 아랫배 부근에서 기우는가를 살펴본다.

그렇게 느껴지는 곳에서부터 장부균형이 깨진 것이다.

간 비장의 균형이 깨어진 경우는 미음 발성으로 잡아준다. 하체 단전 부근에서 뻐딱하게 느껴지면 비읍 발성으로 잡아준다. 심폐 균형이 깨진 경우에는 디귿으로 잡아준다. 이때 좌우균형을 판단하는 근거가 혀가 풀어지는 상태이다.

혀가 풀어질 때 중간으로 풀어지지 않고 한쪽으로 치우쳐 있으면 경직된 쪽으로 집중공략을 한다.

디귿 발성은 반대로 해줘야 한다.

그런 다음 다시 리~~발성을 했을 때 혀의 풀어짐이 균등해지면 좌우 균형이 잡힌 것이다.

임맥의 경로는 백회에서부터 회음까지다. 리을 발성의 경로는 기역 발성의 경로보다는 몸통 안쪽으로 좀 더 들어가 있다. 기~~발성은 혀끝이 아랫이빨에 닿은 상태에서 발성하기 때문에 배 쪽으로 표출되어 있고 리~~발성은 혀끝이 이빨에 닿지 않기 때문에 안쪽으로 들어가 있다.

만약 임맥 라인의 진동이 안 느껴지면 그쪽 경로에 이상이 있는 것이다. 그런 경우에도 그것이 회복될 때까지 반복해서 리을 발성을 해주도록 한다.

을~~발성을 할 때 회음에서부터 꼬리뼈를 타고 등줄기까지 올라가는 진동을 느껴 본다. 마찬가지로 진동이 안 느껴지는 부위에서는 이상이 있는 것이다. 심폐균형이 깨졌을 때는 흉추 네 번째 마디에서 진동이 안 느껴진다.

다섯 번째 여섯 번째 마디에서 안 느껴지면 간 비장 균형이 깨어진 것이다.

열 한 번째 마디에서 안 느껴지면 신장균형이 깨어진 것이다.

을~~발성을 하면서는 리~~발성에서 인식했던 부분들을 재차 확인하면서 교정해 간다.

을 발성이 제대로 되면 명문의 선천 원기를 촉발시켜서 척추 순화를 함께 이룰 수 있다. 리을 발성은 골수의 전자운동을 촉진해 주고 뇌하수체와 송과체의 균형을 잡아준다.

숨이 짧은 사람은 리~ 하고 을~ 을 나누어서 해도 된다.

그러다가 호흡이 길어지면 리와 을을 같이 붙여서 한다.

골수의 전자운동이 촉진되면 인체 자기장이 넓어진다.

그 결과로 바이러스에 대한 면역력이 증장되고 자연과 교감할 수 있는 역량이 갖춰진다.

뇌하수체와 송과체의 균형이 잡히면 인체 내에서 분비되는 호르몬 균형이 잡힌다. 또한, 무의식과 표면의식 간에 정보 교환이 원활히 이루어져서 학습효과가 증진된다.

정서적으로도 지극히 안정된다.

- 시옷 발성법

시옷 발성은 이빨 소리이다. 입술을 살짝 벌리고 앞 이빨을 자극하면서 시~~하고 길게 발성한다.

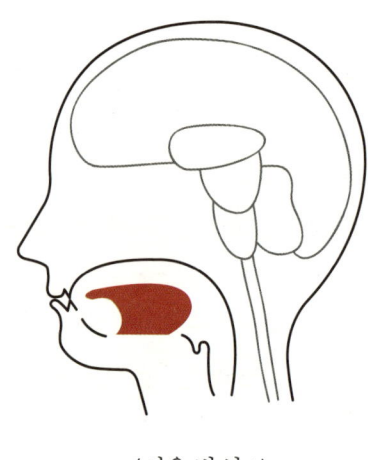

〈시옷 발성 1〉

좀 더 강하게 시~~이~~옷! 할 수도 있다.
쉬~ 하고 소리를 내면 소변이 마려워진다.
왜 그렇게 될까?
연수와 교뇌영역을 펼쳐서 잘라보면 중간쯤에 3차신경핵이 있다. 3차신경이라는 것은 이빨로 들어가는 신경이다. 하악으로 와서 이빨로 들어가고 눈동자 동안으로 들어가고 상악으로 들어간다. 이렇게 신경 줄기가 3개로 갈라져 있기 때문에 3차신경이라 한다.

그 신경핵이 4개가 있는데 그중 한 개가 연수와 교뇌 사이에 있다. 그것이 꼬리뼈 영역의 부교감신경과 연결되어 있다.

꼬리뼈에서 방광과 전립선으로 들어가는 부교감신경과 연결이 되어 있는 것이다. 방광의 부교감신경은 방광을 수축시키는 역할을 한다.

그래서 시~~ 하고 이빨을 자극해주면 3차신경이 자극되고 3차신경핵이 이어서 자극되면서 꼬리뼈 영역의 부교감신경이 자극 받는다. 그러면 방광이 수축하면서 오줌이 마렵게 되는 것이다. 그냥 그 시~ 소리를 듣는 것만으로도 자극을 받는다.

시옷 발성은 명문에서부터 요추까지 영역에서 방광, 직장, 전립선, 성선, 자궁 쪽으로 들어가는 부교감신경을 전체적으로 자극해 주는 자음이다. 그것도 발성을 통해서는 부교감신경을 자극하고 호흡을 통한 강한 자극으로는 교감신경을 자극한다.

호흡을 통한 강한 자극이라는 것은 시~~~하면서 아랫배를 최대한 집어넣는 것이다.

그랬다가 다시 배를 내밀 때는 들이밀었던 배를 텅 하고 튕겨준다.

시~~하다가 읏! 할 때는 헛바닥을 입천장에 붙이면서 아랫배를 튕겨준다.

그 과정에서 방광과 자궁으로 들어가는 아랫배 신경총들이 강한 자극을 받는다. 골반이 조여지고 당겨지면서 교감신경이 자극을 받고 발성을 통해 부교감신경이 자극을 받는다.

 자궁 근종이나 물혹 같은 질환들을 치료하는데 필요한 발성이 리을 발성, 시옷 발성, 니은 발성이다. 이 세 가지 발성이 합쳐지면 자궁 쪽 질환들을 없애는데 상당한 도움을 준다. 교감신경이 자극되면서 생겨나는 열기로 그쪽의 냉기를 몰아낼 수 있고, 부교감신경을 자극

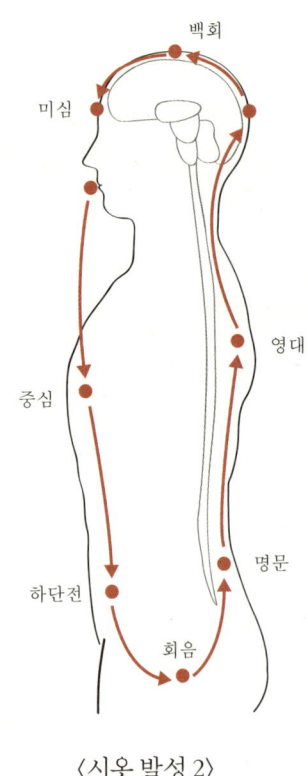

〈시옷 발성 2〉

해서 그 부위에 신경전달체계를 살려내서 결국 송과체로 하여금 그쪽 정보를 인식하게 하고, 뇌하수체로 하여금 호르몬분비를 원활하게 할 수 있는 조건을 만들어준다.

니은은 부드러운 발성으로 등 쪽을 자극해서 진동이 꼬리뼈로 내려오도록 하는 것이고, 시옷은 강하게 자극해서 신경과 근육을 압박해주는 효과가 있고, 리을은 기운을 돌려주고 순환시켜 주는 효과가 있다.

요실금도 시옷으로 치료된다.

시옷 발성의 기법과 경로에 대한 세부적인 설명이다.

손을 아랫배에다 댄다.

숨을 천천히 무념주로 간뇌까지 들이쉰다.

시~~ 하면서 배가 점점 들어가면서 골반이 당겨지고 꼬리뼈 쪽에서 열기가 확 하고 일어나서 등 쪽으로 올라가는 것을 느낀다. 시~~ 할 때도 이빨 사이에 바람의 느낌이 살아 있어야 한다.

시가 이가 되어서 바람의 느낌이 죽으면 안 된다.

이빨 진동이 시~~ 할 때 배를 타고 내려와서 회음으로 간다.

그런 다음 꼬리뼈를 타고 척추를 따라 백회까지 올라가서 미심으로 내려온다.

영어 C자를 거꾸로 생각해 보면 된다.

옷! 할 때는 혀를 입천장에 붙이면서 배를 덩하고 튕겨준다.

이빨 사이 진동은 앞쪽 윗니 아랫니 사이에서 느껴야 한다.

그때 시~~ 하는 진동이 방광까지 연결되는지 관찰하고 읏! 하면서 아랫배가 정확하게 튕겨지도록 해야 한다.

그때 꼬리뼈 쪽에서부터 열기가 일어나서 등줄기를 타고 머리까지 올라가는 것이 느껴지면 시읏 발성이 제대로 된 것이다.
이빨의 충치를 없애 줄 수도 있고 축농증, 비염, 아토피까지 치료된다.
야뇨증이 있는 아이는 자기 전에 시켜주면 좋다.
옛날에 아이들이 오줌을 싸면 체를 씌워서 소금을 얻어 오라고 보냈는데 그것이 시읏과 똑같은 동작이다.
체의 머리가 미심에 걸리면 방광경을 당겨준다. 그리고 인사하려고 숙이면 체 끝이 꼬리뼈 쪽을 쓸어주게 된다. 그 과정에서 미심과 꼬리뼈를 같이 자극해주게 되고 그것이 시읏과 같은 효과를 내도록 했던 것이다.
소금을 안 줄 수도 있으니까 엄청 부끄러운 마음으로 인사하고 '제발 소금 좀 주십시오' 하는 것이다. 옛날에 소금이 귀했다. 그게 흔한 것이 아니었다. 그 어려운 마음에 지극함을 갖고 야뇨증을 고치게 한 것이다.
그렇게 도구를 활용해서 시읏을 하게 해준 것이다.

- 치읓 발성법

치읓은 간뇌와 백회를 강하게 때려주는 소리이다.
간뇌와 백회 영역의 신경세포들에 강한 충격을 주는 것이다.
방만한 신경세포들, 놀기 좋아하고 도파민만 좋아하고 재밌는 것만 좋아하는 신경세포들에 충격을 콱! 줘서 정신 차려! 하는 것이다.
그래서 순간 긴장을 시켜준다.
발성할 때는 혀 뒤쪽의 혀뿌리를 입천장에 붙인다.
백회에서부터 혀뿌리까지 천천히 숨을 들이쉰다. 그런 다음 호흡을 끊은 상태에서 짧고 강하게 칫! 하고 발성한다.

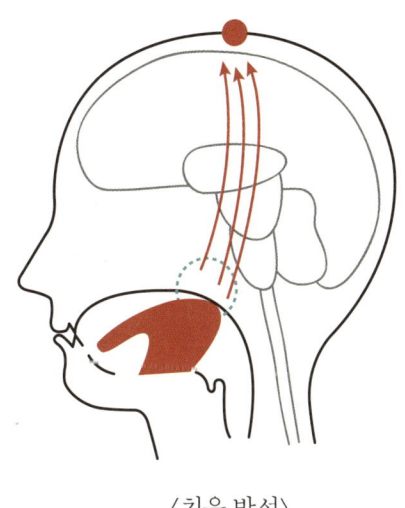

〈치읓 발성〉

소리가 목구멍에서 나오면 안 된다.

혀뿌리를 입천장에 붙여서 입천장을 때리면서 소리가 나야 한다.

치읓 발성은 주의를 집중시켜준다. 수업하다가 집중력이 흐트러질 때 첫! 발성을 다섯 번씩만 하게 되면 학습효과를 최대한 낼 수 있다.

간뇌와 백회 쪽을 강하게 자극해서 그쪽의 신경세포들로 하여금 지루한 상태에서 벗어나게 해주는 것이다. 가끔 그렇게 소리를 질러주면 뇌세포들이 재미있어한다.

디귿은 혀 앞쪽을 활용하는 발성이고 치읓은 혀 중간 뒤쪽을 활용하는 발성이다.

치읓 발성은 머릿속에 있는 끈적한 탁기들을 몰아내 준다.

노르아드레날린의 열기가 뇌 신경에 끼어 있는 불순물을 쫘~악 쓸어내는 것이다. 그래서 눈이 번쩍 떠지고 귀가 예민해지고 호흡은 확장된다.

공황장애를 치료할 때 지읒 발성과 치읓 발성을 함께 활용한다.

- 키읔 발성법

  발성할 때 혀의 위치를 놓고 비교해보면 디귿은 혀의 앞부분을 활용하고 치읓은 중간 뒷부분을 활용한다. 키읔은 혀뿌리 부분을 활용한다.
  키읔 발성도 치읓 발성과 비슷하다. 똑같이 혀뿌리를 입천장에 붙이고- 아예 혀뿌리 양쪽 날개를 어금니로 잡는다고 생각한다, 강하게 때려 주듯이 발성한다.

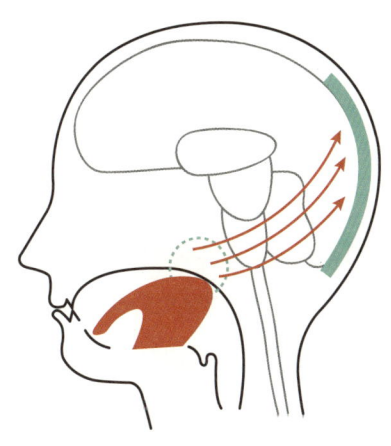

〈키읔 발성〉

치읓은 첫! 하고 입천장을 치는 소리이고 키읔은 컥! 하고 목젖 뒤쪽을 때려 주면서 뱉어내는 소리이다.

기억, 니은, 미음, 비읍, 시옷 발성들이 모두 3차신경을 자극해서 교뇌 연수 쪽을 풀어주는 발성법이다. 하지만 그런 발성만을 갖고서는 교뇌, 연수의 경직이 완전하게 풀어지는 것은 아니다. 그래서 키읔 발성처럼 그 부위를 강하게 때려주는 발성이 필요하다.

미음, 비읍, 시옷 같은 발성은 고혈압을 치료하는 소리이기도 하다. 교뇌, 연수영역이 경직되면 혈압이 높아진다.

미음, 비읍, 시옷 발성에서 교뇌 연수 영역이 잘 풀어지지 않았다면 키읔 발성을 통해서 확실하게 그쪽 영역을 풀어준다. 게다가 소뇌까지 강하게 때려주면서 해마체까지 자극해 주는데 그렇게 되면 머리 내부 공간을 수직으로 나누어서 인식할 수 있게 된다.

간뇌를 중심으로 머리 영역을 세 개의 칸으로 나누어서 구분할 수 있는 역량이 키읔 발성을 통해서 갖춰진다.

키읔을 통해서는 뒤통수에서 판자때기를 만들 수 있다.

이는 머릿골 속에서 갖춰지는 무심의 벽이다. 생각이 접해지는 현상에 이끌리지 않기 위해 필요한 것이 바로 무심벽이다. 이는 머릿골 속에서 진여를 이루기 위해 반드시 필요한 과정이다.

치읓, 키읔은 강한 발성들이라 뇌의 영역에서는 노르아드레날린을 분비시킨다. 그리고 부신피질을 자극해서 아드레날린 분비를 촉진한다.

몸을 따뜻하게 해주고 면역성을 강화시킬 수 있는 조건들이 이 과정에서 만들어진다.

교감신경의 작용이 원활하게 이루어져서 체온이 정상적으로 유지될 때 면역세포들이 왕성하게 활동할 수 있다.

길을 잘 찾지 못하는 것은 뇌 영역의 공간 감각이 떨어지기 때문이다. 공간 지각력이 떨어지면 길을 찾지 못한다. 그냥 머릿속이 빙빙 돈다. 그런 경우에는 눈을 감고 자기 머릿속을 느껴보면 천 리나 되는 것 처럼 멀게 느껴진다.

눈을 감아보자. 눈을 감고 미심에서부터 옥침까지 그 거리를 느껴보자.

그랬을 때 아득하게 멀리 느껴지면 공간 지각력이 떨어지는 것이다.

그렇게 되는 이유가 뇌하수체와 송과체의 연결이 원활하게 이루어지지 않기 때문이다. 그런 경우에는 공간에 대한 수평감이 상실된다.

거리감이 없고 사람 얼굴 기억하지 못하는 것은 다 이런 경우에 해당한다.

본래 뇌 속에는 지각신경이 없다. 그래서 망망대해처럼 느껴지는 것이다. 간뇌만큼은 약간의 지각신경이 있다. 간뇌가 갖고 있는 약간의 지각신경과 미심과 옥침 쪽에 퍼져 있는 지각신경을 활용해서 뇌 내부의 공간감을 실측감으로 느끼는 것이다.

그걸 잘하는 사람은 공간 감각이 아주 뛰어난 사람이고 그걸 못하는 사람들은 공간 감각이 부족한 사람이다. 그런 사람은 칸 나누기를 잘 못한다.

예를 들어 통 공간을 쪼개서 방을 만드는데 방 몇 개를 만들고 거실을 얼마만큼의 크기로 하고 이런 것을 잘 못하는 것이다.

디자인이나 인테리어나 설계나 건축이나 이런 일을 하는 사람에게는 결정적인 단점이 된다.

그런데 그런 상태는 금방 교정된다.

자음 발성 중 티읕과 키읔을 활용하면 쉽게 교정된다. 오히려 공간 감각이 정상적인 사람보다 더 탁월해진다.

특별히 뛰어난 사람은 해마체, 편도체, 뇌하수체, 송과체, 소뇌의 기능들을 통합적으로 활용하는 사람이다.

그런 사람은 예지력도 발달되어 있다.

도넛츠 학습법의 가장 큰 장점이 뇌의 영역을 통합적으로 활용한다는 것이다.

간뇌 영역에서 도넛을 인식하는 것은 간뇌의 지각력을 활용해서 대뇌 변연계를 통합적으로 활용 할 수 있는 조건을 갖춘 것이다. 도넛츠의 감각이란 대뇌 변연계가 신경 억제 물질로 인해 마비된 느낌이다. 그 상태에서 발성이 일어나면 억제된 세포들이 한꺼번에 문을 열면서 의식이 통합적으로 쓰인다. 그것이 도넛츠 학습의 원리이다.

그 효과는 평범한 사람을 천재로 만든다.

머리가 좋다는 것은 뇌의 영역을 통합적으로 활용할 줄 안다는 것이다.

  키을 발성을 통해 갖추게 되는 공간 분할에 대한 수직감은 공간 지각 능력의 절반에 해당한다.

- 피읖 발성법

피읖은 편안한 발성이다.
짧고 부드럽게 피읖! 하고 발성한다.
피! 하면서 폐가 가볍게 울리는 것을 느껴본다.
읖! 할 때는 중대맥의 진동을 느껴 본다.

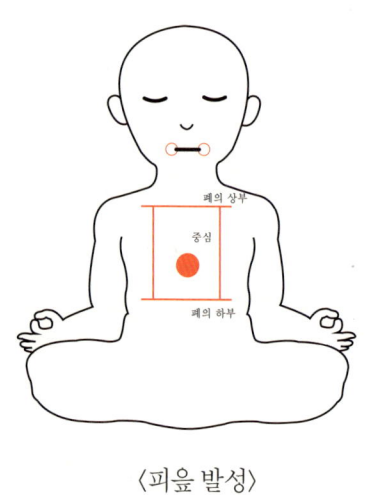

〈피읖 발성〉

피읖! 을 하면서 가슴이 편안한 것을 느껴본다.
가슴이 진정되지 않을 때는 피읖을 하는 것이 좋다.
피읖을 하면서도 입술 상태를 관찰해본다.
왼쪽으로 벌어지는가 오른쪽으로 벌어지는가를 살펴보는 것이다.

피읖은 폐 자체의 균형을 보는 것이다.

디귿은 심장과 폐 사이에 균형을 보는 발성이라면 피읖은 오른쪽 폐와 왼쪽 폐간의 균형을 보는 발성이다.

입술이 나중에 벌어지는 쪽이 안 좋은 것이다.
입술을 닫았다가 가볍게 떼면서 피! 하고 발성한다.
그러면서 입술의 좌우 균형을 맞춰 본다.
피읖! 하면서 폐가 반복적으로 울리는 것을 느끼다 보면
어느 때부터 흉부 전체가 비워진다.
편안함이 가슴을 가득 채우면서 가슴이 텅 빈 상태가 된다.
그렇게 되면 중심이 더 넓고 깊게 확장된다.

- 티읕 발성법

혀끝을 윗니 뒤쪽 입천장에다 살짝 붙인 다음 미심에 마음을 둔다. 그런 다음 티! 하고 짧게 발성하면서 뒤통수로 갔다가 읕! 할 때 다시 미심으로 돌아온다. 티! 로 옥침을 때려주고 읕! 으로 미심을 때려주는 것이다. 읕! 할 때는 혀끝을 입천장에 다시 붙인다.

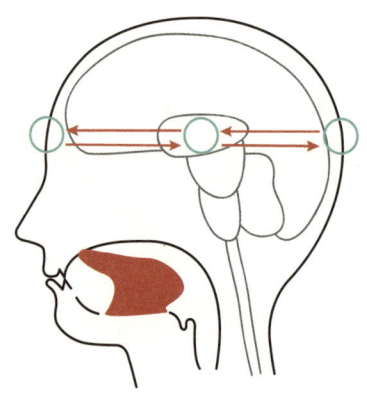

〈티읕 발성〉

그렇게 하면서 미심과 옥침 사이의 거리를 느껴본다.
티읕 발성을 하기 전에는 미심과 옥침 사이의 거리를 무한하게 느끼던 사람이 티읕 발성을 하고 나면 그 거리를 실측감으로 느낀다. 그렇게 되었으면 키읔 발성과 티읕 발성을 연속해서 한다. 키억! 하고 뒤통수를 때려준 다음에 티읕! 하고 미심 옥침 라인을 세워주는 것이다.

  티읕 발성과 키읔 발성의 목적은 머릿골 속을 세 영역으로 나누어서 인식할 수 있는 공간 지각력을 갖추는 것이다. 그렇게 하는 것만으로도 세타파에 곧바로 들어간다.

- 이응 발성법

이응 발성법은 네 종류가 있다. 중심 이응, 중극 이응, 후두 이응, 중간기둥 이응이 바로 그것이다. 이 중에서 중심 이응에 대해서는 이미 설명했다. 여기서는 중극 이응 후두 이응 중간기둥 이응에 대해서 설명해 보겠다.

중극 이응은 영대혈 앞쪽에 척수 영역을 자극하는 발성법이다.
중극은 영대에서 배 쪽으로 약 5cm 정도 들어온 자리이고, 영 대는 흉추 5째 마디에서 6째 마디 사이에 있는 독맥의 혈점이다. 중극 자리는 배쪽으로 들어오는 여러 갈래의 교감신경이 시작되는 부위이다. 특히 심장으로 들어오는 교감신경과 간, 비장으로 들어가는 교감신경이 시작되는 자리이다. 중극을 발성으로 자극하면 아드레날린 분비가 촉진되면서 교감신경이 항진된다.
중극 이응의 발성은 혀뿌리를 목젖 앞쪽으로 바짝 당긴 상태에서 이루어진다.
이~~ 하고 길게 발성하면서 목젖 앞쪽의 입천장을 울려준다.
그런 다음 입천정의 떨림이 연수를 자극하고 척수를 따라 내려와서 중극을 자극하도록 한다.
중극의 자극이 느껴지면 호흡이 다할 때까지 이~~발성을 하다가 응! 하고 짧게 끊어 준다.
그렇게 하다 보면 어느 때 부터 중극 자리에서 후끈한 열기가 느

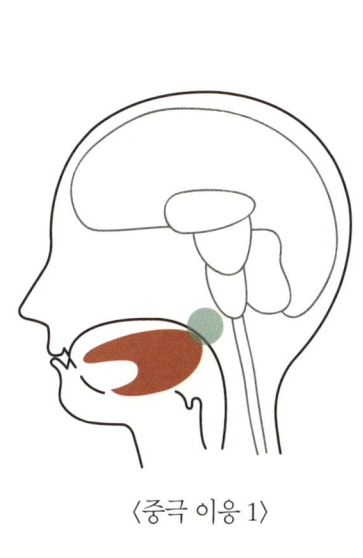

〈중극 이응 1〉

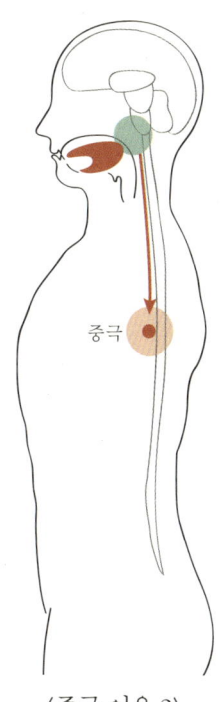

〈중극 이응 2〉

껴진다.

그때의 열기는 교감신경이 자극을 받아서 생겨나는 것이다.

중극을 지속해서 자극하면 아드레날린이 분비되면서 교감신경이 항진된다.

이 과정에서 생겨난 열기는 척추와 척수 영역의 냉기를 몸 밖으로 밀어내고 중심을 진보시키며 일치된 의식을 제도하는데 쓰여진다. 중극이 세워 지면 선천기를 활용해서 중심을 열고 닫는 것을 임의롭게 조절할 수 있다.

그 상태가 되면 중심이 세 단계 더 진보한 것이다.

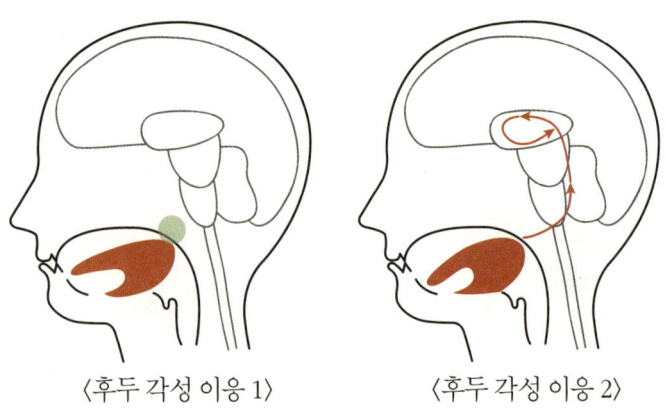

〈후두 각성 이응 1〉　　〈후두 각성 이응 2〉

후두 이응은 소뇌 다리를 자극하는 발성법이다.

소뇌는 교뇌와 세 개의 다리로 연결되어 있다.

학습체계에서 소뇌의 기능은 대단히 중요하다.

해마체가 기억을 담당한다면 소뇌는 기억된 것이 유전적 형질로 전환되도록 하는 역할을 한다.

소뇌는 스스로 필요 없다고 판단되는 정보는 모두 지운다.

반면에 필요하다고 판단되는 정보는 유전적 형질로 기록한다.

소뇌가 꼭 필요하다고 느끼는 정보는 좌뇌와 우뇌가 통합적으로 쓰여지고, 해마체와 편도체가 동시에 자극을 받고, 뇌하수체와 송과체가 균형을 이룬 상태에서 인식한 정보이다.

그중에 어느 한 가지 조건이라도 불충분하게 갖춰져 있으면 소뇌는 그것을 지워야 하는 정보라고 판단한다. 소뇌 다리가 세 개가 있는 이유가 있다.

첫째 소뇌 다리는 소뇌의 정보가 중뇌로 나가는 통로이다.

소뇌에서 시작된 신경섬유가 첫째 소뇌 다리를 형성하고 중뇌 적핵에서 끝난다.

중뇌의 적핵 영역은 적핵 척수로, 눈돌림 신경핵, 도르래 신경핵, 시상 아래핵, 그물핵, 삼차신경 중간 뇌핵, 주 감각 핵의 위 끝 부분과 연결되어 있다.

그래서 소뇌는 첫째 소뇌 다리를 통해 그 전체 영역을 관장한다.

두 번째 소뇌 다리는 광범위하게 대뇌, 교뇌, 소뇌 간의 연결을 이룬다. 특히 대뇌 피질과 교뇌의 신경섬유들이 교뇌 핵 주변에서 접합을 이루고 소뇌로 들어간다.

맨 밑에 있는 세 번째 소뇌 다리는 연수나 척수의 정보들이 전달되는 통로이다.

소뇌는 이 세 영역을 나누어서 관장하는 기능이 있다. 그리고 그 세 영역에서 유입되는 정보를 규합해서 진짜 필요한 정보라고 판단되는 것은 유전적 형질로 저장하고 그렇지 않은 것은 지워버린다.

소뇌는 기억을 지우는 지우개이면서도, 유전적 형질을 저장하는 창고이다.

애써서 외웠는데 일주일만 지나면 잃어버리게 되는 것이 소뇌가 지우개로 쓰여졌기 때문이다.

인식한 정보가 소뇌 다리를 전체적으로 건드릴 수 있는 조건을 만들어준다면 그 정보는 유전적 형질로 남아있게 된다.

후두 이응으로 이~~ 응! 하고 소뇌 다리를 자극해 주면 소뇌 다리를 이루고 있는 신경세포들이 부풀어 오르기 시작한다.

그러면 소뇌의 푸르긴예세포가 따라서 흥분한다.

그 과정에서 인식하고 기억하고 떠올리는 정보들이 소뇌로 유입될 수 있는 조건이 만들어진다.

후두 이응을 반복적으로 해주면 소뇌 다리의 신경전달 도로가 넓어진다. 그렇게 되면 좀 더 많은 정보들을 유전적 형질로 바꿀 수 있게 된다.

본성과 각성의 상태를 소뇌가 유전적 형질로 기억하게 되면 깨달음을 지속할 수 있는 조건이 되고, 학습을 통해 습득한 지식을 소뇌가 유전적 형질로 기억하게 되면 시간이 흘러도 잊어버리지 않게 된다.

애써 집중해서 공부하는 사람과 즐겁게 공부하는 사람 중 어떤 사람이 공부를 더 잘할까?

아무리 집중해서 공부해도 즐겁게 공부하는 사람을 따라가지 못한다.

재미있게 본 영화는 그 내용을 잃어버리지 않는다. 외우려고 하지 않아도 저절로 다 외워져 있다.
재밌게 공부하는 사람이 그렇다.

인식하고 기억된 정보들이 서로 만나서 대뇌 연합령으로 표출이 되면서 자기표현이 이루어진다.
그 표현이 재미있고 아름다우면 소뇌는 저절로 그 상황을 기억한다.
그냥 기억하라 하면 못하는데 노래로 만들어서 기억하라고 하면 다 기억한다. 즐겁기 때문에 그런 것이다.

후두 이응의 이~~발성은 목젖의 위로 파고드는 소리이다.
키읔 발성과 티읕 발성을 했으면 소뇌 영역에 대한 지각력이 갖춰져 있다.
키억! 하고 뒤통수를 울린 다음에 후두 이응을 한다.
이때 뒤통수는 울리지 말아야 하고 소뇌 다리로 파고드는 발성의 느낌은 명백하게 살아 있어야 한다.

도넛츠를 인식하는 것이 대뇌 변연계를 통합적으로 활용하기 위한 목적이 있다면 후두 이응으로 소뇌 다리를 자극하는 것은 그렇게 통합적으로 인식한 정보를 유전적 형질로 기록하기 위한 목적이 있다. 대단히 중요한 과정이다.
중간 기둥 이응은 뇌척수액의 에너지를 표출시키기 위한 방법이다.

혀 뒤쪽 부위를 입천장 중간 부분에 당겨서 붙이고 이~~발성을 길게 하면서 직접 간뇌를 자극한다.

그런 다음 간뇌 위쪽에 제3 뇌실이 미세하게 진동하는 것을 느껴 본다.

뇌척수액이 진동하게 되면 강력한 선천기가 촉발된다.

중간 기둥 이응은 뇌와 척수를 전체적으로 자극하는 발성법이다.

모든 자음 발성 중 중추신경 전체를 자극할 수 있는 유일한 발성법이 중간 기둥 이응이다.

중간 기둥 이응을 하면서는 뇌와 척수 영역에 내재되어 있던 문제점들이 총체적으로 드러난다. 중풍이나 바이러스 그 밖의 원인 때문

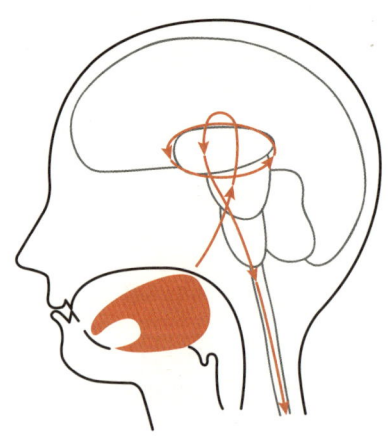

〈중간 기둥 이응 1〉

에 생긴 머리 쪽 질환들이 모두 다 드러난다.

중간 기둥 이응을 통해 표출된 선천기는 인체 재생 인자가 활동할 수 있는 에너지원이다. 때문에 중추 신경을 재생하는 것은 물론이고 장부와 뼈에 이르기까지 광범위한 영역에 영향을 미친다.

중간 기둥이란 중추신경의 세 기점을 연결해서 인식하는 것을 말한다. 간뇌에 세워지는 '중황'과 흉추 다섯째 마디 앞쪽에 세워지는 '중극' 그리고 요추 둘째 마디 아래쪽 척수 말단에 세워지는 '황정'이 중간기둥을 이루는 세 기점이다.

뇌척수액이 진동하면서 표출되는 선천기가 중간기둥의 기점을 자극하게 되면 생명이 갖고 있는 비밀의 문이 열리게 된다.

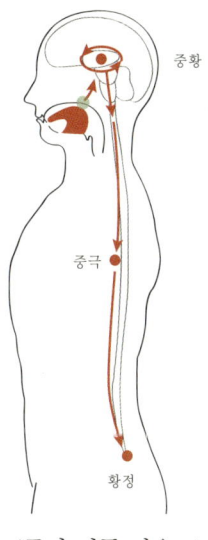

〈중간 기둥 이응 2〉

- 지읏 발성법

지읏 발성은 혀의 중간을 이용해서 입천장을 울려주고 그 울림으로 간뇌를 자극하는 발성법이다.

'지' 발성은 간뇌 영역의 신경을 억제하는 소리이다.
지~~소리의 파동이 반복되면 뇌세포들이 그 상태를 거부한다.
그래서 신경 억제 물질을 분비하고 세포의 문을 닫아버린다.
백회에서 빨아들인 호흡을 간뇌까지 내려오도록 하고 그 상태에서 지읏을 병행하면 가장 빠른 시간 안에 무념에 들어간다.
지읏 발성은 뇌세포에는 지루한 소리지만 생명에게는 성스러운 소리이다. 심식의에 치우치지 않는 무념을 만들어 내는 소리이기 때문이다.
지읏은 머리를 비워내는 소리이다.
무념주 호흡과 지읏을 병행하면 정보를 떠올리고 재인식하는 역량이 극대된다. 그러면서 각성도 투철해진다.

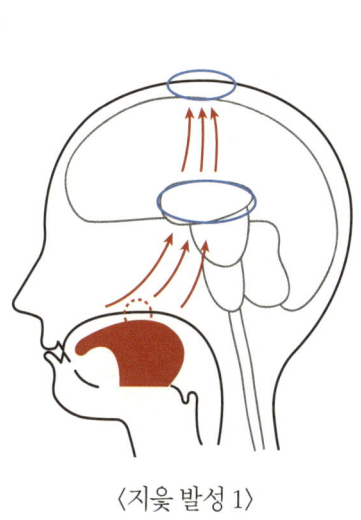

〈지읒 발성 1〉

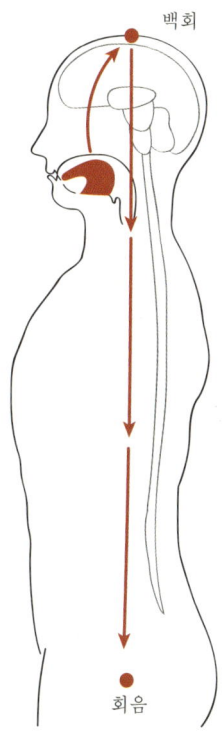

백회

회음

〈지읒 발성 2〉

- 히읗 발성법

  티읕으로는 미심에서 옥침까지 수평 라인을 확보했고,
  키읔으로는 머릿속 공간을 수직으로 나누어서 인식했다.
  그 감각을 바탕으로 간뇌에 세워진 무넘처와 그 뒤쪽에 세워진 무심처를 칸을 나누듯이 인식한다.
  그런 다음 히읗 발성으로 간뇌의 앞부분에서 기쁨을 인식한다.
  히읗 발성은 '히~~'를 길게 발성하고 '읗!'을 짧게 한다.

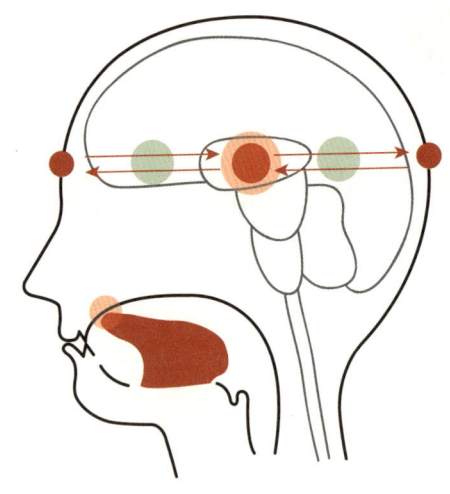

〈히읗 발성〉

혀끝을 윗니 뒤쪽 입천장에 가까이 대고 히~~ 하면서 길게 발성한다. 이때 마음을 두는 곳은 미심과 간뇌 사이의 빈 공간이다.

니은 발성은 혀끝으로 미심을 자극해서 비공을 울렸는데 히~~발성은 직접 비공을 울려준다.

히~~~하고 비공을 울리면서 머릿속의 세 영역을 전체적으로 느껴본다.

그러면서 계란 세 개가 티읕 경로에 일렬로 서 있다고 생각한다.

숨이 다하면 웅! 하고 짧게 끊어준다.

히~~ 하면서 미심에서 간뇌 사이에서는 기쁨을 느끼고 간뇌 영역에서는 무념을 느낀다. 간뇌와 뒤통수 사이에서는 무심을 느낀다. 이 상태를 정확하게 인식할 수 있다면 히웅이 완성된 것이다. 미심과 간뇌 사이에서 기쁨을 느끼게 되면 무념과 무심을 즐거운 마음으로 바라보게 된다. 즉 자기 본성을 기쁘게 인식한다는 말이다. 본성을 인식할 수 있을 때 자기 생명성이 온전해진 것이라고 했다. 하지만 심식의의 유희에 길들여진 사람은 본성이 드러나도 그것을 지켜가지 못한다. 적정으로 일관됨이 심심하고 대상 없음에 외롭고 적막함이 두렵기 때문이다. 미심의 안쪽에서 밝은 성품이 자리하면 본성이 드러나도 그런 허물에 빠지지 않는다.

예수님께서 하나님이 머릿골 속에 있나고 말씀하신 것은 히웅의 상태를 말한 것이다.

키읔, 티읕, 이응, 지읒, 히읗의 상태를 갖추고 히~~~하면서 그 경로를 왔다 갔다 하다가 웅! 하면서 다시 미심에다 마음을 둔다.

히~발성으로 머릿속을 씻어주면서 스캔하듯이 무념, 무심, 밝은 성품의 느낌을 음미하는 것이다. 그 상태를 제대로 느낄 수 있다면 진여를 이룬 것이다.

자음 발성 체계를 이렇게 운용할 수 있으면 세타파에 들고 나는 것을 임의롭게 할 수 있게 되고 그로써 최적의 학습 조건을 갖추게 된다.

기쁨은 그냥 생기는 것이 아니다. 스스로 그렇게 되도록 노력해야 생긴다. 히읗 발성은 자기 안에 기쁨이 생겨나도록 하는 방법이면서 머릿골 속에서 진여를 갖추는 방법이다.

〈에필로그〉

학습은 인식하고 기억하고 표현하는 방법을 배우는 공부이다.
학습의 효과는 그것이 좀 더 원활하게 이루어질 때 나타난다. 그 조건을 만들어주는 것이 선생님들의 역할이다.
아이들은 그 방법을 모른다.
더군다나 자기 몸의 어느 부분이 균형을 잃어버렸는지 어디가 잘 못되었는지에 대해서는 더욱더 모른다. 그것을 발성을 통해서 알 수 있도록 해주고 교정할 수 있도록 해야 한다. 그리고 베타파에서 알파파나 세타파로 이끌어가서 인식과 기억과 표현이 좀 더 원만하게 이루어질 수 있는 조건을 만들어 주어야 한다.
그렇게 되었을 때 아이들이 자기 생명성을 확장해 갈 수 있게 된다. 기능성과 더불어 문화적 소양을 함께 갖출 수 있는 것이다.
사회의 부속품이 아니라 그 사회에 참여하고, 이끌어가고, 풍요롭게 가꾸어 갈 수 있는 구성원이 되도록 도와주어야 한다.
교육이 그런 관점에서 이루어지지 않고서는 지금 우리 앞에 주어진 현실을 타개할 수 없다.

상상이 무한하게 이루어질 수 있는 지식기반을 갖추어야 한다. 상상은 그냥 이루어지지 않는다. 지식기반을 토대로 이루어진다.
상상할 수 있는 주춧돌을 갖춰가는 노력들이 필요하다.
가치 있는 상상이 이루어지려면 상상의 방향을 설정하는 것이 중요하다.

그런 방향을 잡아주는 것 또한 가르침을 통해 이루어진다.

학생으로 하여금 상상할 수 있는 방향을 잡아 주는 선생님이 훌륭한 선생님이다.

자기 안에 내재된 정보들은 그 자체가 자기 존재의 역사이면서 우주의 역사이다. 이미 나라는 존재 속에 그런 기록들이 들어 있다. 그러니 내가 상상한다는 것은 그것이 거짓이냐 참이냐를 떠나서 이미 내 지식정보 속에 저장된 것들이 쓰이는 것이다.

좀 더 많은 정보들을 일깨워서 그것이 드러나게 하고 인식의 폭이 넓어져서 좀 더 많은 현상들이 내 안으로 들어올 수 있는 조건을 만들어 줘야 한다. 창조적 표현이란 그런 조건에서 나온다.

세상에 기여하는 것을 자기존재 목적으로 삼은 사람에게 중심을 활용하는 방법들을 가르쳐 줘야 한다. 그래야만 이기적인 목적으로 자기능력을 활용하지 않는다.

이 교육에서 선행되어야 할 것이 아이들에게 그런 소양을 갖춰 주는 것이다.

세상에 대한 책임감과 의무감을 심어주는 것이 지도자로서 자질을 갖춰 주는 것이다.

그런 인재들이 배출 돼서 세상을 그런 시각으로 바라보게 해야 한다. 오로지 자본적 가치로서 자기 가치를 환산하는 이런 잘못된 생명관에서 벗어나서 문화인으로서 올바른 가치관을 갖출 수 있는 그런 교육이 필요하다. 설령 공부는 잘해도 좋고 못해도 좋다. 하지만 온전하게 인식하고 온전하게 기억하고 온전하게 표현할 수 있는 역량만큼은 갖추어 줘야 한다. 그래서 무얼 하고 살더라도 자신감 있고 당당하게 자기를 표현할 수 있는 사람이 되도록 해야 한다.

그런 사람이 지도자가 되고 각계각층에서 중심적인 역할을 할 수 있다면 시대가 바뀔 것이다.

대안교육뿐 아니라 정규 교육에도 이런 방법들을 접목해서 공교육 자체가 발전할 수 있는 방향을 제시해야 한다.

미래는 막연하게 준비하는 것이 아니다. 대의적 명분에 입각한 존재목적과 자기실현의 척도를 갖추면서 준비하는 것이다. 우리의 자녀들이 불확실한 미래를 살지 않도록 그렇게 가르쳐야 한다. 그것이 도넛츠 학습법을 만들게 된 이유이다.

●

1판 1쇄 인쇄일 - 2012년 8월 10일

1판 1쇄 발행일 - 2012년 8월 20일

●

지은이 - 구선

본문그림 - 자음 발성 경로_구선

펴낸이 - 김춘기

펴낸곳 - 도서출판 연화

편집부

기획 - 이진화

편집 - 김도희

경상북도 영양군 수비면 수하 1리 887-2번지

전화 - 02) 766-8145 FAX - 02) 765-8145

홈페이지 - www.hangulkwan.kr

●

등록년월일 - 2003년 3월 14일

등록번호 - 제 2003-2호

● 잘못된 책은 즉시 교환하여 드립니다.

정가 20,000원

ISBN 978-89-953949-7-7